I0693678

Abdelkader

Harichane

La bataille de Gaza

II

Holocauste

Table des matières

La reprise des combats

Israël fut anéanti par la guerre pendant 50 jours. Il devait prendre un bol d'air. Il accepta donc la trêve courte de quatre jours renouvelables pour libérer les détenus, principalement les militaires et les Américains qui empêchent Biden et consorts de dormir. Mais comme le Hamas exigea de commencer par les femmes et enfants, il s'y plia pour montrer un visage humain devant la communauté internationale qui observe.

Et coup de théâtre, toutes les femmes qui ont été libérées par le Hamas ont loué ce dernier pour l'accueil humain qui leur a été réservé pendant leur période de détention. Le monde a vu comment les femmes et enfants faisaient des signes d'amitié à leurs « bourreaux », une fois remis à la Croix rouge internationale. Mieux, une femme leur a envoyé une lettre de remerciements pour avoir pris soin de sa petite fille qui était avec elle, pendant le séjour, en les remerciant avec des mots gentils et agréables à entendre.

De l'autre côté de la barrière, toutes les femmes et enfants de moins de 19 ans, qui ont été libérés, ont donné une image décevante de leurs geôliers qui leur ont fait subir le martyre. Ils ont parlé de privations, d'attouchements sur les filles, des sévices sur les garçons, de privation d'eau et de nourriture, avec tout ce qui accompagne cette attitude comme gestes d'humiliation.

Ainsi l'opinion publique a découvert la face cachée du « monde libre », pour reprendre la formule d'un Netanyahu qui veut faire preuve de « moralité » par des mots insensés. Cette mascarade, telle que conçue par les Israéliens, ne pouvait durer. Il fallait donc réagir au plus vite et stopper cette campagne qui allait les humilier pour le reste de leurs jours.

Ils ont tué deux enfants à bout portant à Ramallah, comme si cette région ne serait pas soumise à la trêve puis ont fait des incursions à Gaza nord avec les chars et opéré plusieurs arrestations de civils. La résistance a dénoncé les dépassements mais s'est conformée aux exigences de la trêve.

Rappelons que pendant cette période d'échanges de détenus, le Hamas a demandé la libération des plus anciens, chose qu'Israël n'a pas admise, sans l'avouer pour gagner du temps. Pendant ces cinq jours d'échanges de prisonniers, les aides ne sont passées vers Gaza qu'au compte-gouttes, comme si Israël voulait les maintenir dans la privation pour reprendre la guerre de plus belle avec en face un ennemi amoindri par la faim et incapable de bouger à cause du manque de carburant. C'est ce que n'ont cessé de faire les militaires assoiffés de sang qui répétaient à l'envi leur intention de reprendre les armes. Mais Israël n'a cédé à aucun moment sur le sujet des anciens détenus comme si elle n'avait rien entendu. Par ailleurs, Hamas a proposé la remise des corps des détenus mais ils ont catégoriquement refusé l'offre. Il est clair que les Israéliens ne veulent pas lâcher les détenus aguerris qui ont fait, pour certains, plus de 40 ans de bagne. Ils veulent seulement gagner du temps ou berner la résistance qui ne sait pas qu'ils ont lancé leurs espions partout, pour dénicher l'endroit où seraient maintenus leurs otages.

Il aura fallu l'intervention du Qatar et l'Egypte pour convaincre le Hamas de patienter sur l'affaire des anciens détenus et de se contenter de lâcher femmes et enfants, en reculant chaque fois la trêve d'un jour. Rappelons que l'arrêt des combats est retardé au fil des jours, en attendant de situer les failles chez l'adversaire pour l'abattre de manière plus déterminée, plus radicale.

Certains se sont posé la question sur le pourquoi de l'acharnement sur les hôpitaux, ce qui suppose qu'il y a un rapport étroit avec les caches d'armes et endroits où se terreraient les combattants du Hamas. En tout cas Israël, têtu à outrance, a fait des hôpitaux sa cible potentielle.

Selon une enquête, réalisée par CNN en 2008, Israël serait la plaque tournante du commerce d'organes d'enfants dans le monde. Des médecins à Chifa se sont rendu compte de cette boucherie lorsqu'ils ont découvert que les corps des enfants remis ont bel et bien été opérés et qu'on leur a arraché reins, cœurs et organes coûteux et vitaux. Ce qui explique la mort de médecins et arrestations, y compris celle du directeur de l'hôpital Chifa en question, pour avoir découvert le jeu macabre des sionistes.

En attendant la poursuite, les retombées de la guerre sont déjà très douloureuses. L'image des USA et de sa petite protégée Israël s'est effilochée devant l'opinion publique. Au point où vingt fonctionnaires de la Maison blanche ont demandé un débat franc avec les conseillers de Biden pour les avertir sur les retombées de la guerre sur Gaza.

Un responsable américain avoue : « La guerre d'Israël nous a fait beaucoup de mal. Netanyahu est ébloui par la chose politique alors que nous nous avons besoin de quelqu'un qui prend des décisions. Samotrich et Beny Ghafir ont beaucoup d'influence sur lui (…) Biden a pris des décisions contre Israël ces derniers temps ». En effet il s'agit simplement de redorer le blason de Biden, à la veille d'une élection majeure.

La mort de civils, par milliers sous les bombardements acharnés, serait à l'origine de la pression sur Biden qui reconnaît que « les gens de Gaza souffrent (…) ceux qui ne font pas partie du Hamas ».

Après les quatre premiers jours, la trêve est prolongée, jour après jour, par des calculs stupides, c'est-à-dire par prolongement d'un jour pour un nombre déterminé de détenus relâchés, en attendant le pire. C'est ce détail que va Israël brandir pour accuser le Hamas d'avoir entravé la trêve. En attendant, les arrestations se poursuivent comme s'il ne s'agissait pas d'effraction à la trêve. Les hélicoptères n'ont cessé de voltiger dans le ciel de Gaza, jour et nuit … pendant la trêve.

Parmi les « fous » de Tel Aviv, on entend des voix qui appellent à « la colonisation de Gaza », comme cela s'était fait en Cisjordanie, pendant toutes ces dernières années. On compte déjà 1,1 million de déplacés vers le sud de Gaza. Il n'y aurait plus beaucoup de monde au nord. Maintenant, il faut penser à la reprise de la guerre pour les pousser tous hors de Gaza. Voilà l'idée cynique que l'Occident complice ne veut pas prononcer.

Une trêve de deux jours complémentaires est accordée aux deux parties en conflit. Bolton, l'ancien conseiller de Trump, dit : « Le Hamas a remporté une victoire majeure sur Israël ». Celui qui connaît Bolton, l'ancien conseiller fougueux de Trump, sait qu'il s'agit de la poudre aux yeux pour casser le moral des Démocrates, en perte de vitesse. Pendant toute cette longue semaine, les aides destinées aux civils sans aucune ressource traînent le pas. Israël fait tout pour les freiner, quitte à brûler les camions de l'autre côté du Rafah.

Al Qassam demande aux intermédiaires de veiller au respect de la trêve qui est bafouée en permanence. Les Israéliens parlent de trois explosions près de leurs troupes. On assiste dès lors à une riposte puis la destruction d'une mosquée à Bir Naadja et l'incendie dans une station de distribution d'eau. Avec ça, le Qassam lance un avertissement, sans outrepasser les clauses prescrites par la trêve.

Puis le Chef de la CIA, Burnes William, s'amène à Doha, on ne sait pourquoi d'ailleurs. Le Hamas propose l'échange de tous les otages contre les prisonniers détenus depuis très longtemps dans les prisons ennemies. S'ensuit la mort d'un des chefs du Hamas, suivie de l'arrestation de 36 Palestiniens, suivie encore de 50 autres en Cisjordanie.

L'extrémiste Beny Ghafir avertit ses pairs : « Le cessez-le-feu signifie la fin d'Israël ». A Djenine, en Cisjordanie a lieu un accrochage entre civils et armée ennemie. Un Palestinien est blessé près de la prison Ofer où l'on attend la libération de prisonniers palestiniens. Le Pentagone annonce : « Nous avons arrêté le contrôle au-dessus de Gaza, depuis l'arrêt des combats ». Ce qui voudrait dire que les USA sont partie prenante dans la guerre plurielle jamais l'avouer.

Le chef de l'Etat-major de l'armée israélienne avertit ceux qui étaient à l'origine de la faille du 7 octobre de poursuites et de sanctions. Abou Obeida d'Al Qassam relève une transgression de la trêve au nord de Gaza, qui a conduit à des affrontements, avec le concours de blindés et d'avions.

Puis il y a eu le coup spectaculaire des deux frères, un matin, dans une station d'autobus à Es dot, à l'entrée nord-ouest de Jérusalem. Ils ont tué deux rabbins, dont l'un d'eux est directeur d'une cour de justice. Ce qui a conduit les observateurs à établir un lien entre les poursuites en cours contre Netanyahu, depuis la découverte des trous financiers, et ce juge s'il ferait partie ou pas de l'équipe qui le poursuit devant la justice. L'un des frères, auteurs de l'attentat, a été tué sur le coup et leur famille arrêtée puis leur maison détruite. Israël dira qu'il s'agit de deux anciens prisonniers.

L'extrémiste Beny Ghafir revient à la charge en appelant à armer la population pour se défendre. Sa proposition est aussitôt reprise par Netanyahu qui annonce : « Le gouvernement va poursuivre la distribution des armes ». Il fallait si peu pour faire l'aveu sur les colons armés de fusils pour chasser le gibier palestinien où qu'il se trouve.

La Grande Bretagne a aussitôt annoncé son intention d'envoyer un navire de guerre en Méditerranée. Des blindés font irruption dans un quartier, au nord de Gaza, alors que la trêve est toujours en vigueur. Il faut prendre ses devants, parce que Blinken est encore là. On l'a vu avec le ministre de la Défense israélien. Ils ont tenu un point de presse mais que se sont-ils dit, en tête à tête. On le saura après, car Brinken est resté à Tel-Aviv comme s'il tenait à voir de la prunelle de ses yeux comment « son » armée allait réagir. Et les voilà engagés dans une seconde mi-temps dont personne ne peut faire de pronostics sur le score, même si Bibi se dit gagnant, quitte à acheter le match.

Le MAE espagnol commente ses actions : « Je ne crois pas que Netanyahu tienne compte du droit international ». La réponse de ce dernier est farouche : « Tous ceux qui nous tiennent tête seront éradiqués, où qu'ils soient ».

Le MAE iranien estime que « le Conseil de Sécurité doit se prononcer pour l'arrêt du conflit ». Mais tout le monde sait que le CS est muselé, grâce aux trois voix contre deux qui le gèrent. La guerre a repris de plus belle ; l'armée ennemie annonce avoir intercepté un drone au Rafa. Et c'est parti.

Tôt le matin du vendredi, à 7heures, Israël annonce la fin de la trêve. Deux minutes plus tard, les avions sont entrés en action à Gaza, avec un bombardement farouche. Du jamais vu, les bâtiments où dorment des gens confiants, avec la paix retrouvée, se retrouvent balancés dans les airs, comme foudroyés par un violent tsunami. Et l'en voit des cratères gigantesques avec des débris de bâtiment broyés aux alentours. En fouillant grâce à leurs portables, les survivants trouvent là un bras jeté, ici une fille déchiquetée avant d'avoir fait sa scolarité, ni appris le sens de cette vie qui allait être pénible mais prometteuse parce que le bonheur est celui qu'on conçoit par son imagination et non pas celui qu'on vous offre. Plus loin, une mère tenant sa douleur entre ses mains, accroupie sur terre…c'est l'image de la désolation que le monde moderne ne voit pas ou ne voudrait voir.

Avec la levée du jour, les ambulances commencent à affluer vers les hôpitaux détruits, par des routes défoncées par les bombes et les excavateurs israéliens qui s'y étaient mis, la veille de la trêve. Les morts se comptent déjà par dizaines.

Un membre du Hamas commente : « La communauté internationale portera la responsabilité entière sur ce qui vient de se produire ».

La reprise de la guerre coïncide avec la mort de Henry Kissinger, le farouche MAE américain qui a amené Anouar Sadate à la table des négociations. D'origine juive, il avait un conseiller juif lui aussi, auprès de Sadate, qui lui avait donné les menus détails sur la personnalité du raïs. Kissinger s'est mis dès lors à le triturer en le flattant à outrance. En effet, c'était le point faible du raïs. Chaque fois qu'ils communiquaient au téléphone, il lui disait qu'il était le plus intelligent et le plus beau, etc. parmi les Arabes, et l'autre flatté se mettait à rire, jusqu'à perdre son contrôle. Petit à petit, il l'a amené à Camp

David où il a signé l'accord de paix, le 17 septembre 1978, avec Menahem Begin. Ils furent tous les deux tués, pendant que Kissinger leur a survécu, jusqu'à l'âge de 100 ans, et écrit entre temps des témoignages ahurissants.

Les détenues, relâchées la veille par le Hamas, ont provoqué un « déluge » sentimental à Tel-Aviv. En témoignant de l'accueil qui leur a été réservé pendant leur séjour chez les résistants, où elles furent flattées par tant de générosité et de vertu qu'elles avaient trouvées chez ces êtres que les Israéliens qualifiaient d'« animaux sauvages » et de « barbares ». Leurs témoignages ont bouleversé les tenants de la haine envers tout ce qui est arabe ou musulman ou autre. Ils n'aimaient qu'eux-mêmes. La parenthèse relative aux détenus a prouvé leur côté inhumain, en refusant de négocier, malgré la forte pression des Américains. Ainsi, selon les témoignages de ces femmes et leurs enfants, ils sont revenus avec la conviction d'avoir été chez des gens fort respectables, parce qu'ils respectent l'être humain, quelle que son origine ou ses convictions.

Hamas revient à la charge : « Nous accusons Biden de leur avoir donné le feu vert pour reprendre les hostilités ». Oussama Hamdane, le porte-parole, se dit toutefois ouvert au dialogue. Mais quel dialogue ? Le compteur est en hausse. Les premiers chiffres donnent déjà 36 martyrs. Il poursuit : « Ils ont refusé toutes nos propositions parce qu'ils avaient l'idée toute faite de reprise des combats (…) désormais, on ne peut plus leur faire confiance », conclut-il.

Le Qatar regrette la poursuite de la guerre et dénonce « la punition collective de civils sans défense », suivi par l'Iran qui fait le même constat. Saraya El Qods, l'une des brigades rattachées au Hamas, annonce cibler cette fois-ci les colonies. Œil pour œil, dent pour dent ; puisqu'ils ciblent les civils, nous allons leur répondre de la même manière.

Le ministère de la Santé à Gaza demande à la « communauté internationale de sauver le système sanitaire en défaillance » à Gaza, en raison des bombardements faits à dessein pour provoquer la confusion et permettre le vol de organes des petits Palestiniens.

Un Israélien est touché à Sederot et 4 soldats au nord de Gaza. Les écoles israéliennes ont fermé les portes parce qu'il n'y a pas de caches souterraines, estiment-ils, la peur au ventre. La prochaine fois, lors de la prochaine guerre, il y aura des caches de rats partout, c'est juré.

Le ministre extrémiste Beny Ghafir poursuit : « Il faut détruire Gaza pour qu'on puisse y retourner ». Voilà au moins quelqu'un qui dit vrai. Sinon, les affabulations d'un Blinken ou autre n'exprime pas les vraies raisons de la guerre. Après les avoir chassés du nord, ils vont les poursuivre au sud, pour vider Gaza du dernier des Mohicans. Mais le Hamas atteste que les Gazaouis n'ont pas quitté le nord, malgré l'enfer qui s'est abattu sur eux. Les sirènes résonnent dans toutes les colonies et la pluie de missiles frappe en tous sens. L'hôpital Ennedjar au Rafah appelle aux dons de sang pour sauver ce qu'on pourrait sauver.

Certains ont pensé que l'ennemi allait changer de tactique. Mais rien de tout cela n'a été fait, l'infanterie ne peut pas avancer sur un terrain miné, autant poursuivre les frappes aériennes, avec les bombes que viennent de leur offrir les USA, avec l'argent du contribuable américain qui ne sait plus où cela va le mener.

Khalil El Haya du Hamas révèle : « L'ennemi a reçu des coups durs, en hommes et en matériel de guerre (…) Aucune région n'est épargnée. Mais le grand danger reste le déplacement de population (…) Nous avertissons nos voisins de ne pas tomber dans le piège. Les propos des Américains sont inouïs. Les mots changent mais les actions restent les mêmes. Frappons la moitié de la maison au lieu de l'ensemble, semblent-ils dire. Les Américains sont complices, il n'y a pas de doute là-dessus. Ils sont partie prenante du conflit. Ils devront assumer. On l'a vu avec les aides, comment ils tergiversaient. In fine, il n'y a rien eu. La situation est la même ».

Enfin, le gouvernement de Tel-Aviv reconnaît : « Blinken nous a donné le feu vert ». Il était encore présent sur les lieux quand la guerre a repris. Il s'est frotté les mains avant de repartir chez lui, tout content, aux anges. Les chiffres sont montés à 54 martyrs.

Guteres s'exprime : « Je regrette fort la reprise des opérations militaires et j'espère le retour rapide à la trêve ». Rien à faire, un nouveau carnage est commis à Rafah. Les bombes retentissent de toutes parts, du nord au sud, sans aucun discernement. Pour Israël, la question est simple : il faut tuer et encore tuer, jusqu'à l'os ; et l'os est ce qu'on appelle communément Hamas, qui constitue la matrice de l'ensemble palestinien. En d'autres termes, on supprime l'âme en tuant le corps.

Avant même qu'ils aient repris les bombardements sur les civils, les USA les ont avertis de ne pas refaire au sud ce qu'ils ont réalisé au nord. C'est-à-dire, allez-y doucement, le monde vous observe.

L'Iran s'insurge : « L'ennemi sioniste reprend l'extermination du peuple palestinien ». En guise de consolation, 4 soldats ennemis tombent ce jour-là, en attendant d'autres pertes plus conséquences qui sortiront l'ennemi de sa folie meurtrière. Le jour même, le chiffre est monté d'une unité puis de 4, selon leur décompte, alors que le carnage de civils palestiniens a déjà atteint les 100 morts dès le matin.

Amman est la première ville à sortir exprimer son courroux face à la bête immonde qui massacre tout sur son passage, alors que les autres Arabes jouissent du spectacle comme s'ils n'étaient pas concernés.

Une bombe très puissante a touché Bordj Essalem. Une fumée extraordinaire s'est dégagée en noircissant le ciel, comme une immonde tache noire sur un tapis bleu ciel. L'image est spectaculaire. Puis une autre bombe puis une autre, suivies d'une série d'éclats sur une succession de bâtiments. Une fois la fumée dissipée, on voit quatre bâtiments alignés, défigurés et une femme éjectée très loin et l'un de ses proches en train de ramasser sa dépouille déchiquetée. C'est cela l'œuvre du « monde libre » qui expose ses vertus.

Ordogan s'insurge : « Rien ne justifie l'extermination de 16 mille personnes dont la majorité sont des enfants (...) il est plus que jamais question de fonder une nation palestinienne, dans les frontières de 1967, avec Jérusalem comme capitale ».

L'ennemi demande aux colonies de ne pas sortir. Il parle d'une « ceinture de feu », autour de Gaza, pendant que les bombardements intensifs se poursuivent... les images montrent des ambulances portant morts et blessés, déversent 44 à l'hôpital Nedjar à Rafah et retournent chercher ceux qu'ils font sortir des décombres, au fil des heures, quand la poussière une fois dissipée aura permis aux bénévoles de voir plus clair.

Une fille de dix ans, accompagnée de son frère, avec un filet de sang sur sa tête et une tache sur le ventre, courent en sautant sur les galets de pierraille, cherchant l'autre frère dans ce chaos. Puis l'on voit l'autre frère allongé sur une table dans un hôpital. Dieu merci, il n'est pas mort, il souffre de douleurs atroces mais il résiste en attendant que son frère et sœur viennent lui tenir compagnie. Et l'on voit une petite fille assise par terre, très calme, à observer la foule, comme à attendre un parent qui viendrait d'un moment à l'autre la récupérer. Puis arrive le corps de la femme déchiquetée par les éclats de bombes qui ont frappé les trois bâtisses alignées dans la cité démolie. Subitement un nuage noir monte au ciel, suivi d'un bruit assourdissant, accompagné de sirènes qui retentissent dans une zone lointaine.

Al Qassam annonce avoir envoyé ses missiles sur Raime, Sederot, Ascalon, Tel-Aviv... et fait des morts. Netanyahu dit vouloir poursuivre sa mission d'éradication du Hamas. En attendant, il éradique un peuple.

Le Conseil de sécurité, toute honte bue, dit : « Nous travaillons avec nos partenaires pour faire cesser le conflit et prolonger la trêve ». Mais on insiste sur le Hamas qui n'a pas encore présenté de listes de détenus qu'il entend relâcher, comme pire péché qui est à l'origine de la reprise des combats, côté ennemi.

Le MAE russe Lavrov rappelle que « Le droit international est toujours en vigueur ». Selon un site israélien, reprenant le propos d'un personnage israélien : « Si le Hamas lâche 10 otages israéliens, nous irons vers un jour supplémentaire de trêve ». Le jeu du chat et la souris semble pallier la faillite politique et militaire de cette entité qui craint cette guerre plus que toutes les précédentes parce qu'elle l'a perdue sur le plan du renseignement depuis le premier jour.

Le syndrome vietnamien

Blinken, qui a consenti à la reprise des hostilités, dit : « La trêve a été interrompue par le Hamas ». La Maison Blanche prétend « faire tout pour revenir à la trêve ». C'est inouï, comme le « monde moderne » nous apprend la tartufferie au temps de l'intelligence artificielle et de la robotique, comme à l'âge de la pierre.

Les martyrs continuent de tomber sous les bombes made in USA. Oussama Hamdane, dupé ou trahi par leurs propos mielleux, dit enfin : « Israël et USA portent l'entière responsabilité ». Des accrochages farouches s'ensuivent avec les brigades d'Al Qassam. Et le boucher Netanyahu qui revient sur son sujet favori : « Nous allons libérer les détenus par les armes ».

Tel-Aviv est touché pour la seconde fois consécutive, annonce Al Qassam. On enregistre 110 martyrs à Gaza dans 200 bombardements ennemis sur des civils.

Cent nouvelles bombes de type BLU 109, d'un poids d'une tonne chacune, sont utilisées pour la première fois dans cette guerre déséquilibrée. L'une d'elles a causé la mort de plus d'une centaine de victimes à Djabalia. Par ailleurs, ils ont utilisé des bombes incendiaires sur des agglomérations, pour contraindre les habitants à quitter leurs maisons et à fuir plus au sud. Pendant que les Américains demandent aux Israéliens de ne pas refaire ce qu'ils ont déjà fait au nord de Gaza. Ils parlent de la tuerie de civils, bien entendu.

Au deuxième jour depuis la reprise, 200 martyrs et 589 blessés sont enregistrés dès la matinée, en attendant ceux qui seront retirés des décombres. A Dir Balah, qui donne sur la mer, les navires de guerre ont frappé et détruit 3 maisons et 3 mosquées.

Un photographe est tué à Gaza. Le directeur de la Santé estime que « l'occupant veut détruire tout le système de santé ». Blinken rappelle encore que « La couverture des civils est indispensable ». Il voulait dire avec des draps blancs, avant de les inhumer, comme s'il n'avait pas donné son quitus pour la reprise.

Deux missiles tombent sur Tel-Aviv et d'autres à Ascalon, Sederot et Jérusalem. A Djakarta, les manifestants appellent à l'arrêt des combats.

Une fille de 14 ans est retrouvée vivante sous terre, après avoir passé 4 jours sous les décombres d'une maison soufflée. Côté ennemi, on annonce la mort de 9 soldats. Al Qassam fait état de combats accrus avec les soldats ennemis depuis le matin. Des sirènes ont retenti sur le cercle de Gaza. A Naplouse, près de Ramallah, on assiste à une invasion d'une maison par des policiers pour effectuer une arrestation.

Comme l'on voit des enfants subir des interrogatoires cruels, dans les bureaux du Shabak et du Mossad. Qu'y peuvent-ils bien trouver chez les enfants, en guise d'informations ? Cet aspect est révélateur du moral des services de sécurité sionistes qui ont été rudement secoués un 7 octobre, quand ils ont perdu leurs archives, comme des débutants. Dès lors, ils cherchent à glaner des informations chez des enfants pris dans la rue.

De son côté, le Hizbollah libanais annonce avoir effectué des tirs nourris sur les positions ennemies au sud Liban, principalement à Souk Yarmouk où il leur a infligé des pertes considérables.

Une ONG des droits de l'Homme à Gaza annonce la mort d'un de ses journalistes, avertit sur le génocide qui est en train de s'effecteur et appelle l'ONU et toutes les institutions internationales à se mobiliser pour faire cesser ce carnage, comme elle appelle la CIJ à relever des témoignages de victimes sur le terrain ; elle demande la libération des prisonniers et de faire cesser les arrestations de civils injustifiées. Cette ONG dénonce le « crime d'extermination d'un peuple », conformément à la résolution 260, qui date d'il y a 70 ans, dans son article 2 qui invoque le « crime généralisé ». Elle demande à situer les responsabilités, y compris celle des USA qui « est entière » dans ce cas précis, en leur disant : « En toute objectivité, votre pouvoir et votre armée sont en guerre contre la Palestine ».

En cet instant même, le responsable de la CIJ est à Ramallah pour effectuer des enquêtes sur le terrain. L'armée israélienne lance, toutefois, des appels aux habitants de Hay Zeitoun, Belda ancienne, Djabalia, etc. de quitter les lieux.

Des images montrent des enfants aux visages défigurés par les éclats de bombes qui crient leur désarroi à haute voix. Puis une femme et son enfant, tous les deux blessés avec des pansements sur la tête, qui quittent l'hôpital dans un moment de détresse, faute de médicament et de prise en charge.

Le porte-parole du gouvernement israélien considère que « le Hamas est seul responsable car il n'a pas respecté les clauses de la trêve (…) le monde libre est avec nous dans notre guerre contre Hamas ».

L'hôpital d'El Aqsa à Dir Balleh est frappé de plein fouet ce matin, par des bombes qui ont fait morts et blessés. Les secouristes se démènent comme ils peuvent, avec des moyens très limités, pour faire sortir des blessés des décombres et leur prodiguer les premiers soins.

Une image montre un vieux israélien mort dans un kibboutz (colonie) qui a fait pleurer son chien. En face, à Gaza, 137 personnes (107 enfants, 20 femmes et 10 femmes) ne font pleurer personne, par cette journée d'agressions acharnées.

Le Hizbollah annonce avoir frappé, avec des missiles, l'artillerie ennemie dans une région ouverte. Radio Israël confirme les tirs et annonce une riposte israélienne.

A Naplouse, l'armée ennemie tire sur deux civils ; s'ensuit un accrochage avec des gens désarmés. A Dir Ballah, des bombes tombent en avalanche sur les têtes de civils devant un hôpital ; les blessés ont tous des taches sur le visage. Une femme et son mari, tous deux blessés, crient leur peine en soulevant leur enfant broyé dans leurs bras. Il s'agit de 6 bombes larguées sur l'hôpital Nacer. Au même moment, tôt ce matin, 9 morts dont la majorité des enfants sont enregistrés dans le bombardement d'une maison à Dir El Ballah au centre de Gaza. Les ambulances n'ont pas pu avoir accès pour les transporter, relève le correspondant d'Al Jazeera, présent sur place.

Al Qassam annonce avoir lancé des missiles sur un groupement de soldats ennemis à Kissoufim puis les sirènes ont retenti à Ain Hach Loucha dans le cercle de Gaza. L'armée sioniste appelle les habitants à évacuer les habitations au centre de Gaza. Comme elle a fermé les routes à Djalil Aala.

A Djabalia, 100 morts sont enregistrés suite aux bombardements dans une maison et dans un camp de réfugiés, dont la majorité est composée d'enfants. L'image d'une femme pleurant sa fille de 19 ans est montrée. Elle perd son contrôle, se met à crier à haute voix, pleurant sa fille, en embrassant son foulard. Vingt enfants sont tués à Hay Zeitoun. Puis l'on voit les gens courir dans tous les sens pour éviter les tirs incontrôlés de la soldatesque pendant qu'ils ramassent leurs morts.

Les manifestations ont replis de plus belle en Occident : à Berlin, Paris, Copenhague, etc. où les hommes et femmes libres dénoncent le génocide.

A Hay Choudja'ia, c'est l'apocalypse ; 50 bâtiments sont touchés en même temps. Israël se vante en disant : « Ce n'est que le début du déluge ». L'allusion au « déluge du 7 octobre » n'est pas fortuite.

80% de la population s'est mise en mouvement vers le sud de Gaza, vers une destination inconnue.

Les enfants constituent les meilleures cibles. On s'attarde sur un moment de terreur des enfants déchiquetés, parfois seuls sans aucune assistance, sans les parents qui pouvaient leur apporter un réconfort, sont abandonnés à leur sort.

Le nombre de morts est monté, cet après-midi, à 230, faisant grimper le chiffre à 15207 depuis le début du conflit.

Le Hizbollah annonce avoir touché sa cible à Sederot où les sirènes se sont déclenchées ; au sud de Naplouse, s'ensuivent des tirs de colons en direct sur images.

Borel, porte-parole de l'UE : « Israël doit respecter le droit international ». En guise de réponse, une école de l'Unrwa est frappée de plein fouet à Dir Baleh. Elle abritait des réfugiés. Deux soldats sont tués en Syrie…

Il est quasiment impossible de faire un bilan précis des ravages causés par une armée israélienne en déroute qui bombarde sans interruption dans tous les sens, du nord au sud de Gaza. Des images de civils hagards, au-dessus des cratères grandeur nature, enveloppées de fumée bleutée, de poussière, se lèvent des débris, s'essuient le visage, se mettent à marcher en zigzags, on ne sait vers quelle destination. Ceux parmi eux qui peuvent prononcer un mot, pointent du doigt les Arabes comme pour les accuser de leur insouciance face au péril auquel ils sont soumis.

Imaginons un tremblement de terre très violent qui fait sortir les tripes de la terre, qui laisse des cratères profonds et des maisons défoncées puis des hommes, comme des points noirs, qui se déplacent dans ce décor de feu et de poussière, de déluge, puis l'image s'arrête sur une fille de quatre ans, allongée sur les décombres, morte… sans personne pour la pleurer.

Al Qassam dit avoir frappé Tel-Aviv et détruit un char, et le porte-parole des AE israélien qui dit : « Nous ne vous donnerons plus l'occasion de nous défier. On s'excuse pour la mort de civils. On va leur faire entrer des vivres… ». Mais, dans le paradis, les victimes n'ont plus besoin de vivres. Il poursuit : « Nous demandons aux civils d'aller dans des endroits sûrs. De ne plus rester avec le Hamas ».

A Falloudja, ils ont envoyé des bombes sur une maison abritant des réfugiés, laissant 50 enfants sur le tapis. Certains sont toujours sous les décombres.

Dans son communiqué, la Maison Blanche n'évoque pas le carnage, comme en temps de paix. Elle parle de détenus et de négociations à reprendre pour les libérer. Certains corps sont toujours bloqués sous les dalles de béton. En fouillant, les bénévoles découvrent une femme encore vivante mais dans un état lamentable.

Une maison retranchée avec une famille de 70 membres a été éradiquée par les frappes. Au sud Liban, le Hizbollah frappe un groupe de soldats qui s'est retranché dans une maison abandonnée, information aussitôt reconnue par Israël, sans donner de bilan.

On poursuit les frappes, cette fois-ci avec des bombes à gaz, à Khan Younes. Toute la ville est engloutie sous un épais nuage de fumée. Les gens suffoquent, courent vers d'autres endroits pour pouvoir respirer.

Sirènes à Ascalon ; riposte au sud Liban par trois frappes à Labouna. Le Hizbollah envoie ensuite 5 missiles sur les colonies.

A Gaza, partout où s'oriente le regard, il ne rencontre que ruines et désolation. Le nazisme n'a pas fait mieux. Les bombes de cette époque n'étaient pas autant meurtrières. On se souvient du bombardement de Londres, il était minime, un jeu dirait-on, par rapport à ce qui se fait sur Gaza, pendant que l'Occident jouit du spectacle en énonçant toutes sortes de mensonges pour justifier la Shoah des temps modernes. Pour l'histoire de l'humanité qui est en train de s'écrire, la guerre de Gaza revêt un caractère nouveau, vue l'ampleur des moyens utilisées dans une superficie de combat très réduite. Les équilibres du monde vont changer d'une façon radicale. Cela est devenu une certitude immuable chez les observateurs avertis parce que dans le monde où nous vivons, il n'y a nulle place au mensonge et à l'arnaque. On l'a vu avec l'affaire du Covid-19 quand les cartels se sont mis à jouer avec le sort de l'humanité puis dans la guerre Russie-Ukraine quand les puissants de ce monde ont trompé l'équipe de Kiev, par toutes sortes de promesses, comme celles de rejoindre l'UE et le NATO, suivie par celle de Gaza qui fut faite sur le dos d'une population de moins de deux millions face à l'Occident toutes griffes dehors. Elle se poursuivra à Taiwan et partout ailleurs quand leurs intérêts seront menacés, comme en 1936, sans que personne ne puisse faire un constat serein de la faillite du droit international pour revenir sur de bommes bases quand tout sera détruit.

Il serait utile de rappeler la guerre du Vietnam (1965-1975) où il y avait eu un affrontement entre les deux pôles, capitaliste / communiste, qui s'est terminée par le démantèlement du bloc-est, 10 années plus tard. Mais les normes établies après la seconde guerre mondiale n'ont pas changé comme si l'Amérique à elle seule pouvait gérer le monde par l'usure, par un système bancaire obsolète, par des lois de concurrence déloyales, par la suprématie du dollar américain et par le système des cartels.

Il y a beaucoup de ressemblances entre les guerres d'hier et celles d'aujourd'hui, exception faite des armes qui se sont développées, mais avec les mêmes objectifs de conquêtes de territoires d'autrui, en bafouant les normes universelles. Dans ce cas-ci, le conflit Israël-Palestine est classique dans le sens où un état donné veut coloniser un autre par les armes. Chacun utilisera les mots et les arguments qui lui plaisent mais la finalité est la même. Sauf que cette fois-ci le monde n'a ressenti le danger que tardivement, quand Israël s'est mis à bombarder sans répit des civils, en répétant à l'envi les mêmes formules comme « éradiquer le Hamas » ou « liquider les terroristes », des mots classiques, en somme, qu'utilisait la France il y a soixante ans pour désigner les combattants de la libération en Algérie ou le régime de l'Apartheid envers les Noirs en Afrique du Sud.

Les équilibres mondiaux vont changer grâce aux martyrs de ces guerres injustes qui viennent nous rappeler les principes fondamentaux du droit humanitaire qui doivent régir le monde. Sans cela on avancerait vers l'anarchie où rien ne saurait être contrôlé. On voit à l'œil nu comment Israël répond au secrétaire général de l'ONU quand il lance un avertissement sur les dépassements commis. Comme hier, avec les Nazis, le droit international est foulé du pied parce qu'il y a une partie (l'Amérique) qui se croit au-dessus des lois et qu'elle et sa petite protégée peuvent faire ce qu'elles veulent, tant qu'elles ont la force pour le faire. Mais une fois la force ravie par une force plus conséquente, comme les Nazis hier, elles vont se retrouver toutes petites, soumises aux lois qui régissent les équilibres du monde. Sans cela, on irait droit vers l'anarchie.

Pour l'heure, la Bande de Gaza, qui ne représente qu'une partie de la Palestine divisée, subit les frappes injustifiées sur un peuple sans défense. Mais à chaque fois que les soldats israéliens font face aux résistants palestiniens ils perdent la manche. Depuis le début, ils n'ont gagné aucune bataille. Si la destruction des maisons, mosquées, écoles, hôpitaux et la tuerie de civils sont considérés comme trophées de victoire, il faudrait retourner aux académies réapprendre le b.a.-ba du combat militaire sur le terrain.

Maintenant, les bombardements s'orientent vers les campagnes, en détruisant les maisons éparpillées ici et là, pour faire fuir les gens le plus loin possible. Mais les brigades d'Al Qassam semblent évoluer dans la nature des choses, dans la mesure où elles n'ont perdu aucune bataille dans les affrontements avec les soldats ennemis. Dans son dernier communiqué, elle annonce avoir fait des morts et des blessés en surprenant des fantassins.

De l'autre côté, Gallant, le ministre de l'armée vient de dire : « Nous avons frappé avec force et précision » des habitations et des civils désarmés. Aucune fois, ils n'ont fait état d'accrochages où ils ont gagné une bataille contre un ennemi armé. Cela se passe toujours de la même manière. Au moins au Vietnam, les Américains avaient en face d'eux des hommes aguerris qui sortaient de dessous terre et les anéantissaient. Cette guerre n'en est pas une parce que l'ennemi supposé est un peuple sans armes, où les morts qui tombent tous les jours sont des enfants et des femmes. Il n'y aucun mérite à tirer de cette guerre de froussards qui ne vont jamais vers l'ennemi proprement dit. C'est comme qui dirait : « A quoi aurait servi le procès de Nuremberg si on reproduit les mêmes injustices envers l'humanité, 75 plus tard » ?

Ils ont détruit 52 bâtiments avec une maison qui abritait des réfugiés. Quiconque se poserait la question : comment ont tenu les Palestiniens pendant 60 jours de carnages, privés d'eau, de nourriture, d'hôpitaux, de mouvement, de travail, par un blocus inhumain qui les tient cloisonnés dans l'attente d'un on ne sait quel miracle, pendant que le monde moderne observe et se tait au lieu de bouger pour faire cesser le génocide à ciel ouvert. L'observation inclut le monde arabo-musulman qui est devenu soudain amorphe, aphone, sans pouvoir hausser le ton pour faire cesser le carnage de leurs frères Palestiniens.

Au sud Liban, le Hizbollah annonce avoir frappé de plein fouet une position ennemie à Matallah.

Au même moment, à la suite du dernier bombardement, l'hôpital Al Amadani s'est transformé en foire exsangue. Les mieux portants tentent vainement de porter secours aux enfants blessés en les portant sur les bras, vers les urgences qui ont cessé de fonctionner depuis que la soldatesque est venue les détruite sous le préjudice de caches souterraines qu'utiliserait le Hamas pour y mettre son arsenal militaire. Ils ont même montré des images d'armes et de munitions, comme quoi ils ont trouvé des preuves ; mais la chose était tellement ridicule qu'ils l'ont vite supprimée de leurs réseaux de propagande.

En face, on ne peut que se plier devant le courage de ces hommes et de ces femmes qui subissent le calvaire tout en gardant la tête haute comme s'il s'agissait d'un sacrifice divin auquel ils s'y étaient préparés.

Et l'on voit l'image d'un homme dans le dernier carnage qui court vers sa fille, la soulève du chaos. Elle a les pieds déchiquetés. Il la met sur ses bras, la serre très fortement contre sa poitrine puis lance à voix forte : « Qu'a-t-elle fait pour mériter cela ? ».

800 mille hommes, femmes et enfants sont poussés toujours vers le sud. Ils les rapprochent de la frontière avec l'Egypte pour les renvoyer hors de leur terre. Et les bombardements se poursuivent sans retenue, sans ligne rouge. Beaucoup de haine est déversée sur une population sans défense. Al Qassam lance 150 missiles sur les colonies israéliennes. Enfin l'armée

reconnaît que la résistance palestinienne aura la vie longue mais avec un nouveau message : « Les institutions cachent des armes dans les bureaux ». Et ils se remettent à balancer des bombes sur les hôpitaux considérés désormais comme les points les plus sensibles dans la bataille des moulins à vent.

Un homme assis dans une ambulance, tient son enfant sur ses genoux. Il le serre dans ses bras mais le serre avec tendresse. L'enfant n'est pas encore mort. Il prie à haute voix pour que le Seigneur l'épargne de la mort. L'ambulance démarre dans un tourbillon de poussière. Personne ne saura ce qu'il est advenu de l'enfant, s'il a survécu à ses blessures. Beaucoup de cas similaires se produisent à chaque instant, partout du nord au sud de Gaza et ne survivent que ceux qui ont un destin plus prolongé. Les chiffres montent de 10, 20 et 100 au même endroit, de manière vertigineuse, comme dans le jugement dernier où tous viennent, en même temps, déposer leur bilan.

Au nord, ceux qui ont refusé de partir n'ont rien à manger, ni rien à faire d'autre, en ce début de décembre froid et pluvieux, que d'attendre la fin du cauchemar.

Les bombes continuent de tomber sur les bâtisses, sans discernement. L'hôpital Adouane est touché ; des morts et blessés sont allongés sur le sol ; les blessés attendent une main généreuse qui viendrait les tirer de dessous les décombres. On voit une main qui bouge sous les débris, une main de femme, sans voix, sans cri, elle bouge puis se mobilise puis bouge encore. Des voix d'hommes s'élèvent, se rapprochent. Ils se mettent à creuser, autour de la main qui a cessé de bouger. Ils tirent un bras puis redécouvrent le corps en partie puis en entier, le font glisser sur les décombres. Enfin, Dieu merci, elle est en vie, dans un état lamentable mais vivante.

Le recteur de l'Université islamique, Sofiane Tayeh, et sa famille sont tous décimés dans le dernier bombardement de Faloudja. En revanche, les tireurs d'Al Qassam ont ciblé un tireur d'élite avec tout son groupe, détruit une dizaine de chars Mirkava et deux véhicules de transport de troupes. Israël annonce enfin la mort du colonel Assef Hamami, tué par le Hamas le 7 octobre. L'accrochage d'une violence inouïe s'est poursuivi jusqu'à la tombée de la nuit.

Une jeune, visiblement morte, est jetée sur les décombres. Un médecin tente de la sauver en lui injectant du sérum. Puis défilent les images de bombardements successifs, violents, dégageant une fumée noire foudroyante sur une lignée de bâtiments. Une femme est éjectée par les éclats à distance. L'un de ses proches court en l'appelant par son nom, comme pour la rattraper mais une fois tombée sur le sol elle reste immobile, sans vie. Il se courbe sur elle, tente de la redresser, vainement. La fumée noire les enveloppe tous les deux. L'image de l'apocalypse ne cédera qu'à l'obscurité de la nuit qui viendra calmer les esprits, en attendant une autre journée encore plus chaude.

Loin de cette scène, au nord d'Israël, le Hizbollah prend sa revanche à sa manière, en donnant une raclée, par missiles, aux colonies éparpillées ici et là sur une terre qui ne leur appartient pas.

Le New York Times affirme que Biden était au courant de la reprise des combats, des tueries de civils désarmés et qu'il a donné son OK. L'adjoint du chef du BP du Hamas, Salah Al Arouni, réplique : « Il n'y aura plus de négociations sur les détenus, jusqu'après l'arrêt total des hostilités (…) depuis le début, il était question d'échanges de cadavres, nous avions besoin de temps pour les extraire, 60 personnes en tout tués dans les bombardements. Après les femmes et enfants, viendrait le tour des hommes puis les militaires qui seraient libérés sous d'autres conditions. Ils pensent nous faire fléchir de cette manière. L'échange se fera après la guerre (…) Le monde qui les soutient sait que les résultats n'ont pas été atteints, qu'ils ne pourront jamais les réaliser (…) ils sont en train de prendre leur revanche sur les civils et les hôpitaux. Le monde en est témoin. L'administration américaine est en avance sur les sionistes pour couvrir leurs crimes. Ils ont donné des bombes beaucoup plus fortes qu'ils ont utilisées aujourd'hui sur les enfants et les femmes. Les USA sont plus nazis que les Israéliens ».

Gallant soutient au contraire l'extermination de civils, en disant : « Plus on frappe plus on fait des résultats. Nous allons libérer les détenus. Hamas pense que l'Iran et le Hizbollah vont l'aider. Les résultats que nous avons réalisés sont énormes ». Il sous-entend l'extermination d'un peuple.

Ordogan rejette l'appel que lui avait adressé le côté américain qui consiste à rompre ses relations avec le Hamas. Et Borel estime qu'Israël « est en train de créer des colonies en plein guerre ». Les manifestations qui ont repris de plus belle à Tel-Aviv, contre Netanyahu, appellent à « la libération des détenus ».

A Beit Lahya, des dizaines de morts et blessés sont tombés la nuit même dans un bombardement intensif sur des habitations. A propos de déplacés, Netanyahu répond : « Nous les éloignons du danger mais nous ne comptons pas les déplacer ». Voilà un geste d'humanisme exprimé par un nazi qui ne croit pas ses oreilles.

L'Iran : « le soutien américain est un facteur qui lui donne la possibilité d'étendre la guerre plus au sud ». A Khan Younes, au centre de Gaza, il y a 29 morts sur le tapis, en moins de 24 heures.

A l'ombre de cette guerre d'extermination, il y a un marché très juteux. En ce début décembre froid et violent, la police fédérale américaine a arrêté une bande qui fait le commerce des organes humains. Ce commerce diabolique a impliqué des rabbins, des politiques, des diplomates et des hommes d'affaires israéliens qui semblent avoir pris du poil de la bête grâce à la guerre de Gaza qui échappe à tout contrôle. En 2008, rappelle-t-on, CNN avait mené une enquête sur le commerce des organes et mis en lumière le réseau israélien qui constitue la plaque tournante de ce cannibalisme fructueux. L'Observatoire européen (ONG des droits de l'Homme Euro-Med) a confirmé que l'armée israélienne a été accusée d'avoir volé des organes sur les morts de Gaza, par une ONG qui a demandé une enquête internationale indépendante. Elle a affirmé la confiscation de dizaines de cadavres dans les hôpitaux Chifa et Indonésie, au nord de Gaza.

Suite aux rapports de médecins dans ces hôpitaux, qui ont examiné les corps pris par l'armée israélienne puis rendus, il y a eu confirmation d'opérations subies sur ces corps et le retrait des organes sensibles, comme les reins, les cœurs, etc. Depuis, l'armée sioniste a ciblé les médecins par les bombardements aveugles et les arrestations pour ne pas laisser de témoins gênants derrière elle. Voilà l'image réelle du monde « moderne » que nous chante un Netanyahu dans ses moments d'euphorie.

Autre couac dans cette foire que l'Occident couvre par pudeur, concernant les arrestations de détenus libérés tout fraîchement dans le cadre de la trêve. Le Cercle palestinien des détenus vient de le confirmer. Il concerne surtout les femmes qui ont été libérées et transférées en Cisjordanie où le mouvement des troupes est plus libre puisque cette région de Palestine n'est pas impliquée dans la guerre, même si la police et l'armée sionistes effectuent des rafles ou les colons tirent à bout portant sur les civils, pour élargir leur espace.

Les blindés tirent à coups d'obus sur le sud Liban. En Syrie, un missile envoyé du Golan est vite intercepté par l'armée sioniste qui a réagi par des tirs disparates, en disant avoir ciblé l'endroit d'où il est parti.

Politico estime que la CIA était out le 7 octobre, pendant que le Washington Post s'interroge sur la défection des rapports avec Israël. Haaretz, en revanche, pousse Gallant à empêcher Netanyahu de poursuivre sa folie meurtrière sur Gaza.

Al Qassam annonce avoir tué un nombre de soldats ennemis, dans la base Raïn. Sur l'autre flanc, on enregistre 700 martyrs en 24 heures, chiffre qui reflète l'intensité des bombardements sur les civils depuis le début du conflit, comme s'il s'agissait de punir le peuple d'avoir laissé faire le Hamas, le 7 octobre.

Al Qassam déclare avoir tué 60 soldats ennemis à Djouhr Eddik, détruit 3 blindés à Djebalia et 5 à Dir El Balah. Yahia Sinouar, l'homme le plus recherché par ses ennemis, serait toujours aux commandes, à la tête de ses brigades qui réalisent des résultats précis et précieux au quotidien.

Al Qassam estime que l'ennemi ne connaît pas le terrain dans lequel il s'est enfoncé, alors que l'adversaire a tous les atouts en main pour le coincer et le détruire.

La brigade 932 a été frappée de plein fouet et un officier portant le grade de général a été tué, annonce Al Qassam, indiquant avoir aussi frappé à Beit Hanoune et fait subir des pertes à l'ennemi. Dans les eaux territoriales du Yemen, des missiles tombent à Bab El Mendeb, en Mer Rouge. Enfin, la Grande Bretagne annonce que les avions de reconnaissance en Méditerranée ne sont pas armés.

A l'hôpital Al Amadani, le massacre continue ; des corps gisent par terre et les secours sont dépassés par le nombre de victimes qu'ils reçoivent et le manque de moyens dont ils disposent pour prendre en charge tous les blessés qui arrivent par dizaines, tous les jours, matin et soir. A Bir Zaatar, le spectacle est le même. L'Unrwa avertit : « Les maladies contagieuses se répandent très vite à Gaza », faute d'eau, de médicaments, d'espace, de moyens et de personnel.

Les bombardements sauvages se poursuivent à Choudjaïa à l'est de Gaza. Une école chrétienne abritant des réfugiés est frappée de plein fouet par une bombe ; le bilan est atroce : 84 morts avec ceux d'Al Amadani.

Al Qassam certifie avoir ciblé une position ennemie et tué 60 soldats. Israël fait état de 16 soldats morts seulement. Un char est détruit à Beit Lahya. A Aïta Echaab, on assiste à un carnage dans une maison ; les images dévoilent des morts partout, des débris de murs arrachés, une scène de désolation. Un enfant blessé, étourdi par ce qui s'est produit, cherche sa sœur sous les débris…un enfant plus petit cherche sa maman qu'il ne trouve nulle part…il fait le va-et-vient mais personne ne fait attention à ses appels, ni le console de sa douleur qu'il porte tout seul parce qu'il y a d'autres enfants dans la même situation qui crient, qui cherchent dans ce déluge leurs parents disparus. Et sort un garçon âgé de 16 ou 17 ans, portant un enfant sur ses bras. Une fille crie de toutes ses forces. Elle semble être elle aussi l'unique survivante de la famille.

Le directeur de la Santé : « Il y a eu des dizaines de carnages en quelques heures seulement, en différents endroits. Il y a toujours 70 disparus dont on n'a trouvé aucune trace. Il n'y a pas de mots pour exprimer ce carnage ». Ils seraient certainement entre les mains des carnassiers qui leur arrachent les tripes pour les vendre au marché des organes, très prospère, ces mois-ci.

Les chiffres ont atteint 15523 de martyrs, 4131 blessés, dont la majorité est constituée de femmes et d'enfants. 700 morts sont tombés pendant les 24 dernières heures seulement.

Les sirènes retentissent dans le cercle de Gaza. 35 cadres de la santé sont arrêtés, juste pour les faire taire parce que pendant la guerre il y a des choses qu'on cache ou qu'on ne veut qu'on le sache. Le personnel demande de l'aide pour stopper cet enfer.

Dans la Mer Rouge, un missile envoyé du Yémen est intercepté. Les Houthis insistent : « Nous continuerons de frapper l'ennemi par des coups durs et cruels ». La Grande Bretagne dit avoir repéré des drones en Mer Rouge.

Au sud Liban, quatre soldats ennemis sont tombés sous les tirs de missiles envoyés par le Hizbollah sur les fermes de Chabaa. Israël menace de représailles. Les Houthis rappellent : « Nous avons interdit la navigation de l'ennemi en Mer Rouge ».

Une ONG des droits de l'Homme onusienne annonce : « Le temps est venu pour ouvrir des enquêtes sur les crimes commis ».

A Beit Lahya, des soldats ennemis tombent dans un piège aux explosifs, à Gaza centre. Ils cherchaient la voie d'accès des tunnels et sont tombés dans les manigances d'Al Qassam. Plusieurs soldats sont morts. La colonie de Kafar Saad et une autre proche sont frappées par Al Qassam et laissé des soldats morts, dont un général. L'information est officiellement confirmée. En guise de consolation, l'ennemi arrête cinq anciens prisonniers, fraîchement libérés. Une source du Pentagone déclare à Al Jazeera : « Nous sommes au courant des navires attaqués en Mer Rouge ».

La guerre s'installe tout doucement au sud Liban. Les images montrent des bombardements massifs qui n'ont fait que 8 soldats morts du côté ennemi, malgré les cibles choisies par une concentration de soldats, c'est-à-dire une cible potentielle.

Cinq autres filles parmi les détenues relâchées, dans l'accord relatif aux otages, ont été arrêtées en Cisjordanie. A Khan Younes, le carnage de civils se poursuit.

Saraya El Qods annoncent des attaques menées contre deux colonies, Sofa et Nir Ishak. Israël fait état d'un seul missile qui aurait atteint sa cible et lance une tempête de bombes sur l'est de Khan Younes, suivie d'obus tirés des blindés. Comme elle confirme les frappes du Hizbollah.

A Djabalia, le spectacle est ahurissant : images atroces d'infants déchiquetés et de femmes gisant partout, à la suite du carnage sidérant d'une armée qui se dit redoutable, dans le sens où elle ne sait que tuer des civils sans défense, sans crier gare. Toutefois, le bilan donne 74 soldats ennemis tués en une seule journée, contre 60 arrestations de civils. Le Hizbollah a de son côté tué 11 soldats au sud Liban. Le bilan des morts, depuis le début du conflit s'est élevé à

15523 martyrs, 41316 blessés, 56 centres de soins et 20 hôpitaux détruits. Ce fut la journée la plus meurtrière pour les deux parties en conflit.

Les scènes de carnage nous rappellent la guerre du Vietnam qui a marqué les esprits par l'intensité des bombardements américains sur des civils. Et les combattants de Ho Chi Ming qui sortaient de sous terre et frappaient avec précision les Yankees. Il y a beaucoup de ressemblance avec la guerre qui est en cours sous nos yeux. Le Vietnam était divisé en deux, une partie contre une autre, et le napalm était déversé sans retenue sur la terre brûlée. A présent, il s'agit de bombes au phosphore et d'autres incendiaires ou au gaz. Mais le spectacle est le même. La résistance du Vietnam fut farouche. Elle est sortie triomphante et unifiée.

A Gaza, on assiste à la même ténacité et au rapprochement qui se fait entre la Bande de Gaza et la Cisjordanie. La victoire viendra, il n'y à aucun doute là-dessus ; même s'ils utilisent la bombe atomique, si ça leur chantait. La victoire dépend de la conviction du combattant et non point du poids des armes qu'ils déversent à l'aveuglette sur des civils sans défense. Voilà l'atout que semblent ignorer les USA, qui jouent avec le droit de Veto comme dans un jeu de gamins.

Les valeureux Yéménites entrent dans la danse

Le Pentagone découvre que le navire Karny a reçu des frappes aériennes, ainsi que des bateaux de commerce qui ont été touchés en Mer Rouge, dans le Détroit de Bab El Mendeb.

Les Houthis du Yémen, en guerre contre l'Arabie Saoudite et ses alliés depuis 2015, ont annoncé frapper tout bateau ou navire de guerre qui viendrait d'Israël ou s'y dirigerait. Comme ils n'ont pas caché le fait que leurs drones ont survolé les porte-avions Ford et Eizenhower, portant des noms d'anciens présidents américains, dont le premier fut un fervent défenseur d'Israël, envoyés en Méditerranée, depuis le début du conflit, pour impressionner les belligérants arabes qui oseraient apporter un soutien militaire aux résistants de Gaza. Le Pentagone dit, toutefois, que le conflit reste limité à Gaza. Un Américain, qui a préféré rester dans l'anonymat, disait que les Arabes n'utiliseront pas l'arme du pétrole cette fois-ci, sans dévoiler comment il l'a su.

Donc, il y a seulement des exceptions à la règle, les Houthis du Yémen, le Hizbollah du Liban et la résistance irakienne. Le reste des Arabes sont restés dans les sommets inutiles et sans consistance et les communiqués de circonstances. Les Houthis ont reconnu avoir ciblé ce navire israélien, même si cette dernière le renie. Ainsi, les Houthis ne cachent plus leur participation, même limitée, au conflit, en sauvant la dignité arabe, qui est tombée au plus bas, ces jours-ci. Mieux, ils annoncent frapper tous les navires ennemis qui passeraient par la mer Rouge.

Retour au blocus de Gaza, à Djabalia, les victimes sont toujours sous les décombres, depuis le largage des dernières bombes. Partout, les corps d'enfants se débattent, agonisants, sans aucune main pour leur porter secours…mais, en guise de consolation, Saraya El Qods assurent avoir touché Israël par un missile.

Radio Israël annonce une incursion de fantassins à Khan Younes, ce qui voudrait dire qu'ils entrent officiellement dans l'offensive terrestre, au 59ème jour du conflit, qui est demeurée comme un simple slogan, en préférant larguer des bombes coûteuses et destructrices, à une bonne distance, c'est-à-dire avec zéro perte.

Al Qassam annonce avoir détruit un pont suspendu. Mais un représentant d'ONG sur place estime qu'il n'y a plus aucun pont suspendu à Gaza. Il y a, en revanche, un fil fragile de maintien des négociations non avouées.

Le MAE qatari déclare : « Nous dénonçons l'agression israélienne contre des civils et appelons à une enquête internationale sur les crimes de guerre ».

Des colons israéliens en cagoules se sont attaqué à un restaurant à Saouria (Naplouse), appartenant à un Palestinien de Cisjordanie, et l'ont complètement détruit, à coups de pierres et de pioches.

Rappelons que 11 Palestiniens ont été tués par les colons, depuis le début du conflit, souvent masqués et armés de fusils, sans qu'il y ait des poursuites, à cause de la « sacrée guerre ». Comme il y a des agressions répétées contre les agriculteurs, pendant la cueillette des olives. Ils agissent toujours sous la couverture de la police ou de l'armée.

A Hdida (Yémen) un navire a été touché en face du port. Le Pentagone dit que le Karny a riposté en tirant sur un navire. Israël répond : « Le navire n'est pas le nôtre ».

Un nouveau carnage s'est produit à Cheikh Redouane. Des corps d'enfants de moins de trois ans sont alignés. Une femme au visage défiguré par les éclats de bombe sort vivante du déluge, en criant : « Où sont les 22 pays arabes ? ». Une autre femme tient sa fille contre sa poitrine ; elles ont échappé toutes les deux à l'enfouissement de leur bâtisse.

A Hay Djenina au Rafah, un grand cratère rassemble un monde fou, tout autour, qui cherche désespérément les corps qui n'ont pas encore été déchiquetés, dans ce trou qui a pris la place des bâtisses qui étaient là avec le monde qui y résidait. Un jeune allongé, avec une jambe cassée, attend le secours. Derrière lui, une usine de pression d'huile a été soufflée. En face de lui, les secouristes continuent de creuser, retirent un premier corps. Une ambulance s'avance lestement pour embarquer morts et blessés.

Des images du Hizbollah montrent les frappes sur le Rabbin David, servant de caserne ennemie, font sauter les paraboles de communication aux éclats.

En Occident, les manifestations ont repris de plus belle, avec plus d'intensité que la semaine passée, en raison des carnages que subissent des civils cernés de toutes parts, privés d'eau et de nourriture, exposés à la mort lente, quand ils ont échappé aux déflagrations de bombes.

L'ambassadrice palestinienne participe à la manifestation de Paris qui regroupe toutes les tendances politiques. Dans la manifestation de Washington, on brandit les slogans qui disent ; « Cease fire », « Genocide in Gaza », « Stop US aid to Israël », « Save Gaza », « Free Palestine », etc. Après la mort d'un homme au marteau en France, un Allemand est tué à Paris, près de la tour Eiffel, à coups de couteau.

La Grande Bretagne annonce le survol du cercle de Gaza à la recherche de l'endroit où seraient retenus les détenus. Cnews, la chaîne française qui véhicule les idées de l'extrême droite, fait état de chaos dans les hôpitaux de Gaza.

En ce dimanche saint, il y a eu 316 martyrs, tombés dans 23 carnages successifs, en 24 heures seulement. Netanyahu se frotte les mains, en disant : « Nous n'avons pas encore commencé la guerre ». Mais comme le ridicule ne tue personne, la radio militaire annonce le début de l'offensive terrestre. Des fûts d'explosifs sont balancés sur les habitants de Gaza, selon le correspondant d'Al Jazeera.

Le Hizbollah annonce avoir tiré 50 missiles sur des bases militaires et colonies au nord d'Israël.

Enfin, le porte-parole de l'armée, Daniel Hagari, qui fait les grimaces en parlant de choses sérieuses, reconnaît la suprématie de la résistance palestinienne sur le terrain, à Gaza. A Sederot, des anti-missiles sont tirés sur des missiles amis. Et des bombes lumineuses tombent sur Khan Younes.

Oussama Hamdane déclare : « Nous assistons à un carnage historique. L'armée nazie n'a pas ciblé femmes et enfants, hôpitaux, ONG, écoles, etc. comme le fait l'armée sioniste aujourd'hui à Gaza au nord et en Cisjordanie au sud. Mais elle sera vaincue ; elle a échoué avant la trêve. Il y aura beaucoup de morts, elle s'enfoncera dans son sang. Gaza sera le cimetière des envahisseurs (…) ils paieront de leurs vies. Les rescapés seront poursuivis. Les Américains seront les éléments de leur destruction. La preuve, ils n'ont pas avancé d'un pouce. Les Britanniques suivront. Les Arabes d'Amérique ne voteront pas Biden ».

Des images montrent un détenu aux mains coupées, parmi ceux qui ont été libérés. Hamdane poursuit : « Le chercheur qui a décroché le prix Abdelhamid Chomane, a été tué (…). Nous refusons le déplacement de population. Les agressions successives à El Qods sont des provocations. Nous saluons nos frères au Yémen, en Irak, au Liban… ». In fine, il a lancé un appel aux Arabes pour constituer des délégués pour lever l'embargo sur Gaza. Comme il a salué les manifestants partout dans le monde pour leur soutien à la cause palestinienne et les ONG qui sont restées à Gaza, malgré la violence de la guerre que mène l'Etat sioniste avec le soutien infaillible américain contre les civils à Gaza. Il a ensuite invité les ambassadeurs d'Espagne et de Belgique à se rendre à Gaza pour pouvoir, plus tard, témoigner du génocide qui a lieu, maintenant, à Gaza, et de faire pression sur les USA et Israël pour faire cesser le carnage.

Sur une question relative à Oslo, Hamdane dit qu'il n'y a rien eu, exception faite de l'échange de prisonniers en 2012.

Haaretz a rapporté que les soldats morts à Sederot sont le résultat de tirs amis, par des blindés. Hamdane propose une enquête de deux côtés. Il dit que les combats ont repris à 7h 2mn, c'est-à-dire deux minutes après la fin de la trêve. « Cela voudrait dire qu'ils s'étaient préparés pour faire échouer la trêve, quels que soient les arguments qu'on pouvait présenter ».

S'agissant de l'évacuation du nord de Gaza de ses habitants, il réplique : « Mensonges…mensonges…notre peuple résiste, il est toujours au nord. Ils ont commencé par frapper les sous-sols. Mais jusqu'ici ils n'ont pas avancé. Nous allons leur donner une raclée qu'ils n'oublieront jamais ». Et de conclure : « Il n'y aura plus aucune négociation avec l'ennemi, jusqu'à la fin des combats ».

Les sirènes retentissent au sud du Golan (Syrie). Un missile est tombé dans la colonie Kichit et tué un chauffeur de camion. L'armée ennemie a répondu par des tirs d'artillerie lourde.

Un responsable américain dit : « On ne sait pas encore si le navire Karny a été touché par les drones des Houthis ou par des missiles venant de la Mer Rouge. Nous avons les moyens pour nous défendre.

Mais on ne voit aucun lien avec ce qui s'est produit ici et à Gaza ». Comme on le constate, chaque fois qu'il y a un indice d'élargissement du conflit, les USA font la sourde oreille parce que l'ouverture d'un front avec l'Iran les mettraient dans une position désastreuse.

Les bombardements se sont poursuivis de manière intense, ce soir, à Zeitoun et Chedjira, à l'est de Gaza. Avec cela, le MAE qatari dira que « la médiation se poursuit malgré les défis. Il y aura du nouveau dans quelques jours ».

A Khan Younes, les maisons de deux grandes familles sont ciblées. Il s'agit des El Hams et des Bouab où l'on compte des dizaines de morts dans un déluge sans précédent.

Le MAE iranien estime que « les combats ont repris en présence de Blinken. Les USA doivent porter la responsabilité des massacres et crimes commis. Un spectacle de sang et de destruction, 700 martyrs. La région va entrer dans une nouvelle forme de conflit (...) nous appelons le monde à réagir, à l'arrêt du conflit. Dans les dossiers du 7 octobre qui ont été lus, il y a l'intention de déplacer une partie de la population en Egypte et une autre en Jordanie. Cette conspiration doit être dévoilée. Il faut saisir la CIJ pour engager des poursuites contre ces criminels, en coordination avec les autres Etats, pour rendre compte des crimes de 12 mille personnes (...) il s'agit de génocide ethnique car le Shabak dit qu'il était au courant de l'attaque du 7 octobre ».

Pour le patron du Shabak : « C'est le Munich des temps modernes ». Le guignol lui fait état du rappel des soldats de réserve. La guerre est appelée à durer.

Des accrochages avec la résistance ont lieu au centre de Gaza, suivis de tirs à Dir Ballah, sud-est de Gaza, le soir même. Le commentateur Mustapha El Berghouthi dit que « la guerre est la même à Gaza et en Cisjordanie même si les armes ne sont pas les mêmes. Les colonies sont les mêmes que celles de 1948, tout comme le déplacement de population par le terrorisme. Il y a 400 mille colons armés. Il y a d'un côté les colons et de l'autre la soldatesque ».

Le procès de Netanyahu est fixé pour lundi prochain. Il sera jugé, en pleine guerre, sur un dossier sulfureux, pour corruption, fraude et abus de confiance. Mais rien n'a filtré, depuis, sur les suites de ce procès annoncé en grandes pompes. La mort du directeur de cour de justice, à Jérusalem, aurait-elle freiné les ardeurs des juges ? On le saura peut-être un jour, quand les sirènes auront cessé d'hurler.

Saraya el Qods font état de tirs de missiles sur des colonies dans le cercle de Gaza. Le Pentagone revient sur le sujet du Yémen. « Le Karny a été frappé par un missile yéménite ». Karny est un navire britannique. Selon la société de navigation israélienne, le circuit aurait été changé pour éviter l'exposition de bateaux commerciaux aux tirs croisés des Houthis. Le Hizbollah, par contre, annonce avoir effectué des tirs de missiles sur le site Rahab à Rouisset. A Gaza, 11 soldats ennemis sont tombés et 8 blessés par des missiles à Beit Lahya. Al Qassam annonce le repli des forces ennemies vers le sud de Gaza. Un groupe de colons armés fait irruption en Cisjordanie. Netanyahu dirige les combats par téléphone, en attendant des jours meilleurs. Le chef de l'Etat-major dit avoir conquis le nord pour passer au sud.

Des missiles sont tirés sur le Golan sud pour la seconde fois depuis le début du conflit. En Irak, cinq morts tombent sous des tirs américains.

En France, 40 manifestations sont déployées, malgré la pression policière, de soutien au peuple palestinien, soumis à un génocide qui n'a pas encore trouvé son nom.

Suite aux menaces du Shabak de poursuivre l'élimination des chefs du Hamas partout dans le monde, Tahar Nounou, un adjoint de Hanya, répond : « Cela démontre l'impasse dans laquelle ils se trouvent sur le front militaire et politique. Cette gaucherie ne nous fait pas peur. Nous n'avons rien de particulier par rapport à notre peuple qui se sacrifie pour son pays par le prix du sang. Mais cette menace touchera en premier lieu la souveraineté du pays hôte où se trouveraient nos responsables ».

Des bombardements intensifs ont lieu à Khan Younes. Les communications sont totalement coupées à Gaza. Selon le porte-parole de la Santé à Gaza : « 1,9 million ont été déplacés (soit 80% de la population) », du nord vers le sud.

Mais la résistance palestinienne est bel et bien là et ne compte en aucune manière céder un pouce de son territoire à l'entité sioniste. A Cheikh Redouane la bataille est farouche avec la soldatesque. Les militaires sionistes chantent chacun son refrain. Le porte-parole de l'armée, qui respire le mensonge, dit à présent : « Nous n'avons pas gagné la bataille au nord ».

L'obstacle Khan Younes semble être insurmontable. La résistance est omniprésente et leur rend la vie difficile, en détruisant leurs blindés et véhicules dès qu'ils s'installent dans une région supposée être sûre et sécurisée. Au point où Washington se dit surprise par la résistance qui sort on ne sait d'où.

Hélas, c'est un peu vrai, dans le sens où cette portion de territoire constitue à elle seule le cœur du territoire. Que représenterait un territoire de 363 km2 s'il n'y avait ce cœur palpitant qui continuera de battre tant que restera un seul Palestinien sur cette terre ?

Netanyahu avait misé sur la prise de Khan Younes. Mais il s'est cassé la figure. Et toutes les tentatives qui suivront seront vaines. Mais il y un fait important que semblent ignorer les fous de Tel-Aviv qui disent, en toute circonstance, qu'il faut extirper ou plutôt arracher le Hamas du corps de Gaza. Ils oublient qu'il avait été élu aux municipales en 2005 et aux législatives en 2006. Puis, suite aux heurts avec le Fatah, il a dû recourir à la prise de contrôle militaire de la bande de Gaza, le 15 juin 2007, qui s'accompagna par le renvoi de la police affiliée au Fatah et ramena progressivement l'ordre public à Gaza.

Avec ce rappel, on comprend mieux pourquoi les chefs militaires opèrent l'extermination d'un peuple, sans distinction, tout en clamant le faire pour détruire le Hamas. Il est clair, selon leur praxis, que l'extermination du peuple entraînera celle du Hamas. Et les Etats Unis, la France, l'Allemagne, la Grande Bretagne, l'Italie, le Canada, l'Australie et à degré moindre les autres comme l'Autriche, Belgique, Japon, etc. la laissent faire ou participent par l'argent et les armes ou interviennent quand les choses se gâtent, comme c'est le cas à présent en Mer Rouge où ils participent militairement à freiner les Houthis du Yémen. In fine, l'extermination du Hamas, équivaut à l'extermination d'un peuple au 21ème siècle. Et lorsque le monde libre s'insurge contre ces crimes, ils foulent du pied le droit international, parce qu'un territoire comme Gaza ne vaut pas tout cela. En termes plus clairs, pour l'Occident et sa protégée, la poupée Israël, plus choquants pour d'autres, un Arabe ne vaut pas un Juif. Que se passerait-il si les Israéliens échouaient à déplacer les habitants de Gaza de leur terre ? Est-ce que les Croisés des temps modernes ont envisagé ce scénario ?

Le porte-parole d'Al Qassam, Abou Obeïda, dit : « Nos combattants ont défoncé l'ennemi à Falloudja. Beaucoup de soldats ennemis y ont laissé la vie ». Les USA poursuivent leurs pirouettes, en disant : « Il est trop tôt pour savoir si Israël épargne les civils ou pas ». Le nombre de civils morts a déjà dépassé le cap des 16 mille victimes. Tout ce beau monde s'est-il suicidé ?

Inutile d'aller plus loin, c'est sur toutes les langues ; l'Amérique extermine le peuple de Gaza, par procuration, en désignant un sous-traitant pour ne pas se salir les mains.

Mais à quel prix ? Une fois cette guerre terminée, quels que soient les résultats, quels seraient les rapports avec les Nations arabes, une fois les présidents, émirs, rois et poltrons qui jouaient à la « normalisation » éhontée seraient débarrassés des écrans, par les peuples libres et responsables de leurs actes ?

Le Liban partie prenante dans le conflit epuis l'attentat du dépôt au port de Beyrouth, le Liban n'a cessé de considérer Israël comme ennemi potentiel. Ses suspicions l'ont rendu méfiant, voire exaspéré par ce voisin encombrant, irrespectueux des mœurs d'un pays où toutes les religions vivent en harmonie

Les raisons remontent au plus lointain dans les livres d'histoire. A ce titre, il serait utile de relire la présentation des fondements de cette entité, faite par Moshe Zuckermann, dans la Revue Cités 2011/3 (n° 47-48), pour Presses Universitaires de France :

« Le sionisme historique est un mouvement politique né dans la seconde moitié du XXème siècle en Europe de l'est et dont la visée fut, depuis le premier congrès sioniste de Bâle (1897), la constitution d'une patrie pour les Juifs. Il s'agissait là d'un des trois moyens de régler ce qui avait été nommé (par les non-Juifs) le «problème juif » – les deux autres « solutions » étant d'une part l'assimilation complète au sein des sociétés de résidence, les Juifs devenant donc une part intégrante des nouvelles sociétés citoyennes émergentes en

Europe et, d'autre part, la lutte pour l'émancipation des Juifs dans le cadre de l'émancipation universelle de l'Homme, telle qu'imaginée et comprise par les pensées et les pratiques modernes du socialisme et du communisme (...) Et pourtant, il faut distinguer précisément entre l'atteinte réelle – psychologique, psychosociale et culturelle – provoquée par la Shoah sur les Juifs israéliens et sa fonction idéologique dans la culture politique israélienne. Par moments, cette distinction n'est pas aisée. Mais il y a un autre aspect, qui aura précédé la constitution de l'État sioniste et qui peut être perçu comme un facteur curieux et sans précédent dans le façonnement du sionisme et de l'idéologie de sa visée historique : le sionisme fut le seul mouvement national moderne pour lequel l'idée de l'État vint avant que le territoire de sa fondation ne devienne la propriété de la collectivité qui devait y résider. Plus encore, la détermination du territoire du futur État précéda l'existence effective de cette collectivité nationale en tant qu'entité sociale organique. L'on peut donc dire que les trois pré-requis pour la fondation d'un État-nation moderne n'étaient pas réunis dans le cas du sionisme ; celui-ci ne pouvait prétendre à l'unité de son territoire ni à l'unité de sa collectivité en tant que nation vivant sur ce même territoire ».

Quand cette « menace extérieure » devient une politique, le Liban comme l'Egypte ou tout autre pays des moins radicaux dans la région devient un vis-à-vis, Israël n'y voit que menace et hostilité. C'est dans la nature des choses, selon les concepts d'un Etat qui mélange extrémisme religieux et laïcité dans un même plat.

Serait-il en mesure de changer sa nature politique pour s'adapter à son environnement, en adoptant une constitution qui définirait son statut ou resterait-il l'Etat voyou, qui n'obéit en aucune manière aux normes du droit international, en achetant la complicité de l'Occident, en tentant, à chaque occasion, d'élargir son territoire, quitte à éradiquer les peuples qui se mettraient en travers de sa route ?

C'est cela la nature de ce régime qui ne respecte pas les règles du jeu. Le MAE américain trouve que la demande d'Israël est en hausse, en raison des tentatives d'incursion au sud de Gaza. De son côté, Israël demande « encore des mois pour éradiquer le Hamas ».

Le Hizbollah entre en action, frappe 11 positions ennemies et tue 3 soldats au sud. Le PM libanais invoque la « responsabilité » qui caractérise le Hizbollah comme partie intégrante du Liban. D'où la nécessité de regarder les choses avec prudence. Le Hizbollah a déjà donné une raclée à Israël en 2006 et rien ne l'empêche de le refaire s'il dépasse les limites en exterminant un peuple sans défense, abandonné à son propre sort par les pays frères. Ainsi, tous les indicateurs montrent que le Liban sera le nouveau front pour l'entité sioniste, la « seule démocratie » dans la région, comme aiment le répéter les Occidentaux qui prouvent à présent la tolérance zéro quand cette « démocratie » s'attelle à réduire à néant un peuple pour accaparer sa terre.

Une source US estime qu'il y a eu mort de beaucoup de civils à Gaza. En même temps, des tirs parviennent de navires sur Khan Younes. A Djabalia, on annonce 28 blindés détruits, un officier et 2 soldats tués par Al Qassam.

Les USA disent n'avoir « aucune preuve sur la tuerie de journalistes », dont le chiffre a atteint 65, tous des Palestiniens. Les autorités turques avertissent le Mossad et le Shabak sur les crimes qu'ils voudraient commettre sur son territoire. Il s'agit là d'une réponse aux menaces relatives à la poursuite et liquidation des éléments du Hamas à l'étranger, qui seraient en Turquie, dans les pays du Golfe ou en Europe.

Des images montrent des personnes suspendues par des cordes. Il s'agit de traîtres pris par la résistance et qui auraient communiqué des informations capitales sur les positions des combattants à l'ennemi. D'autres, en revanche, montrés sur les vidéos, reconnaissent avoir été achetés ou forcés à collaborer mais qui ont perdu toute crédibilité. Il serait utile de rappeler l'interrogatoire terrible que subissait un enfant dans un centre de détention du Shabak. Il était soumis à un exercice insoutenable pour son âge.

Il y a enfin l'image terrible de Palestiniens dénudés, têtes bandées et mains ligotées, groupés en nombre dans la nature, sous la menace des armes. Cette image humiliante a fait le tour des réseaux sociaux et donné l'image hideuse d'un ennemi qui ne reconnaît aucune loi, ni aucun principe humanitaire. Mieux, interrogé sur le quoi et le pourquoi de cette humiliation, le porte-parole de l'armée, le guignol, a répondu : « C'était juste pour vérifier s'ils portaient des grenades sous leur vêtements ».

L'ennemi subit de lourdes pertes, à la suite des frappes du Hizbollah sur des colonies avoisinant le Liban. Comme d'habitude, un responsable américain dit : « On ne croit pas que les frappes contre trois navires en Mer Rouge aient un rapport avec Israël ». Le Hizbollah réalise un bon score de morts dans les rangs ennemis, en différents endroits.

Au 60ème jour du conflit, l'agence palestinienne Wafa fait état de morts par dizaines à Cheikh Redouane et à Khan Younes. Un officier et 2 soldats sont tombés ainsi que 4 blessés sont enregistrés chez l'ennemi. Un jeune est tué en Cisjordanie. Le guignol commente une évidence : « Israël n'a pas encore gagné la guerre au nord de Gaza ».

A la 44ème session du conseil du Golfe, on estime que « l'objectif est de parvenir au cessez-le-feu (…) faire passer les aides au peuple qu'ils veulent humilier ».

Israël reconnaît la mort de 5 de ses soldats, parmi eux 3 officiers. Et Netanyahu qui dit avoir attaqué le QG du Hamas à Djabalia. Quatre hôpitaux et 55 ambulances continuent de fonctionner dans le tout Gaza. 40 arrestations sont opérées en Cisjordanie, là où ils ne rencontrent pas de ripostes de la résistance. Un responsable israélien : « Les souterrains sont plus grands que le métro de Londres ». Il a dû les voir dans ses rêves. Un missile est intercepté à Ascalon.

Mort de 83 soldats ennemis dans les derniers combats avec les brigades Al Qassam. Chaine 12 : « Les frappes à Ascalon ont fait des morts ». Les sirènes retentissent à Nirine, Hachloucha, dans le cercle de Gaza. Israël demande à l'Allemagne et le Japon l'envoi de navires de guerre en Mer Rouge. Les USA disent travailler en coordination avec leurs partenaires pour sécuriser la mer Rouge. Le PM Irlandais dénonce les attaques contre les civils. Un officier israélien reconnaît la mort d'une personne à Ascalon. L'armée ennemie se retire du nord de Gaza.

Au sud Liban, 10 missiles tombent sur une caserne ennemie. Un attroupement de soldats a été ciblé, indique-t-on. Israël dit enquêter sur ces frappes. Israël appelle à une alliance maritime internationale qui ferait face aux incursions yéménites en Mer Rouge. Visiblement, il n'a plus les moyens de se défendre, seul, sur au moins trois fronts à la fois. Sans le soutien américain, dont on ne peut avoir des assurances qu'il ait été approuvé par le Congress, Israël serait déjà tombé à genoux pour ne plus se relever ? Le coût de la guerre a été exorbitant ; il a vidé toutes les caisses et l'a mis en endettement. On le sait, les Cartels pro-sionistes donnent des aides mais calculées, ils ne jettent en aucune manière leur argent par les fenêtres. Sur ce plan-là, Israël est à l'aube d'une crise accentuée sur tous les plans, en attendant le pire. Comme on le verra, les alliés ne s'engageront que partiellement dans cette guerre, moins qu'en Ukraine, qui fut assez coûteuse. Sur le front interne, un responsable israélien reconnaît que « l'accès aux souterrains s'avère impossible ».

Un responsable de la CIA reconnaît, à son tour, que les USA seront « la cible d'attaques terroristes pendant les prochaines décennies ». Pour un pays qui sort, ruiné des guerres d'Irak et d'Afghanistan puis de Daesh, du Covid et de l'Ukraine ne relèvera plus l'échine parce qu'il a perdu le nerf de la guerre, le financement. Et voilà que Tel-Aviv le met dans un nouveau conflit qu'il n'avait pas envisagé. Il a financé des bombes très coûteuses et très destructrices, avec l'idée d'en finir au plus vite avec le Hamas. Mais rien n'a été réalisé, à part le génocide qui a ouvert une brèche aux ONG et Etats moraux qui se sont rebellés, avec l'idée bien précise d'engager des poursuites judiciaires contre les chefs de guerre de Tel-Aviv et, dans un second temps, contre Washington, qui garde le profil bas.

Les images qui parviennent de Khan Younes sont impressionnantes. Les bombes incendiaires et à gaz ont montré le visage hideux de cette guerre qu'on ne veut pas encore classer sur le registre des génocides humanitaires connus ou reconnus comme tels.

Comme un malheur n'arrive jamais seul, désormais, il y a un autre front qui s'est ouvert au Liban, au nord d'Israël. Il faudra là aussi beaucoup de bombes, beaucoup d'avions, enfin un coût énorme pour une économie déjà à terre. Il y a des tirs de blindés comme riposte à Kafar Chouba mais juste pour impressionner, sans volonté de raviver un nouveau front inutile et dont personne n'en veut.

A Gaza, les atrocités défilent sur les écrans. Des images d'enfants éclaboussés par les éclats de bombes jetés par terre à Djebalia ; des bombes qui explosent et des gens qui courent dans tous les sens ; trois étages d'un même immeuble sautent simultanément ; des morts sont éjectés dehors. Un homme, blessé mais encore vivant, est retiré des décombres, pendant qu'un autre qui a eu moins de chance, tout défiguré, respire à peine ; l'un des secouristes lui lève l'index pour lui faire prononcer la chahada, tout en le portant avec l'aide d'un autre dans une couverture avec un grand dessin d'hirondelle rose dessus, en courant en marche arrière au milieu d'un déluge de feu, de flammes et de fumée noire, épaisse. Derrière apparaît un bras immobile fin, gracieux, il bouge ses petits doigts puis referme le poignet comme par désespoir. La caméra se fixe sur ses doigts qui, tantôt bougent, tantôt serrent le poing comme s'ils s'apprêtaient à lancer un coup de poing sur un visage ennemi. Finalement, de guerre lasse, les doigts se relâchent pendant que les bénévoles se mettent à creuser. La caméra va filmer ailleurs où des corps mélangés de femmes et d'enfants restent courbés, croisés les uns sur les autres, en attendant une main qui viendrait les disperser, les séparer… la main qui bougeait était celle d'un enfant au visage très charmant qui sourit dans les bras de ses sauveurs qui courent à présent en haleine vers une ambulance ou un charriot, attelé à un âne, qui prendrait le chemin d'un hôpital détruit par les obus ennemis.

Quatre militaires encerclent un jeune assez costaud qui leur tient tête, le bousculent puis l'un d'eux lui tire dessus, il tombe par terre pendant que l'autre le tient en joue. Derrière lui, d'autres jeunes qui ont suivi la scène s'avancent vers les militaires, leur parlent à haute voix. Les soldats se retirent mais le tireur garde toujours sa proie en joue, sans écouter les voix qui résonnent derrière sa tête. L'image sera immortalisée et largement partagée sur les réseaux sociaux. Elle servira peut-être de pièce maîtresse dans le procès qui va s'ouvrir bientôt contre Israël et USA, tous deux sous une même coiffe ou même kippa.

En Cisjordanie, où les accords d'Oslo semblaient être toujours en vigueur, les gens dormaient en toute quiétude, jusqu'au jour où Hamas prit la décision de provoquer le monstre en allant le taquiner. Une fois réveillé, le monstre se mit à tuer, à détruire tout sur son passage, y compris dans les territoires où il y a un deal supposé de non-agression. Par un beau matin de décembre, des militaires encerclent un quartier chic à Ramallah, cassent la porte, et tirent à bout portant sur un militant de la cause palestinienne, qui n'a aucun rapport avec le Hamas. Ils prennent son frère, laissent l'aîné nager dans un lac de sang et quittent les lieux avant la levée du jour. Telle est l'histoire révélée par sa maman qui avait perdu ses deux fils à la fois.

Désormais, la Cisjordanie est la cible d'actions terroristes de l'entité sioniste sur un même pied d'égalité que Gaza. Mais il faudra attendre près d'un mois pour l'entendre sortir de la bouche du maître de Tel-Aviv, qui avoue son forfait, faisant fi des accords qui n'ont en réalité été observés que d'un seul côté.

L'hôpital Kamel Adouane est encerclé. Les blessés sont éparpillés sur le sol, sans aucun soin parce que les aides-soignants et médecins sont à la merci de la soldatesque qui les empêche de bouger. El le cauchemar continue…

À la suite des actions des Houthis du Yémen qui ont décidé de briser l'embargo sur Gaza, en fermant l'accès par Bab El Mendeb aux navires qui entrent ou sortent d'Israël, la Grande Bretagne annonce envoyer un navire de guerre en Mer Rouge et mettre des drones de surveillance à l'est de la Méditerranée, tout près de Gaza. Cinq pays occidentaux (Grande

Bretagne, USA, Italie, France et Allemagne) ont envoyé des espions qui travaillent ensemble pour coordonner leurs actions et détecter les positions des otages dans la perspective de les libérer, sans recourir aux négociations qui n'ont rien donné. A partir de Chypre des avions de surveillance sont également mis en œuvre pour avoir sous l'œil tout ce qui bouge en Méditerranée orientale et au-delà.

De fortes explosions retentissent à Tel-Aviv. Les sirènes résonnent, les gens courent vers les abris. Saraya El Qods dit avoir envoyé au moins une dizaine de missiles à longue portée de Gaza.

A Dir Balah, des images montrent des blessés aux visages brûlés par les bombes incendiaires larguées sur Gaza. Les morts se comptent par centaines. Ce sont pour la plupart des enfants et des femmes sans défense.

En guise de réconfort, les brigades Al Qassam annoncent avoir détruit deux blindés avec des missiles Yassine 105, à Khan Younes, cette partie sud de Gaza qui constituera la forteresse imprenable de la résistance, pendant de longues semaines de combats atroces. Un bâtiment défiguré est montré sur images, ni portes, ni fenêtres, ni murs et plus loin, sous des tentes, des soldats bivouaquent en toute sérénité, comme en territoire conquis.

Al Qassam les prend en joue et envoient des missiles foudroyants puis une autre image montre les débris du bivouac qui a volé en éclats. Beaucoup de soldats et d'officiers sont touchés. Aucun bilan n'est donné. Au sud Liban, par contre, 4 soldats sont tués par missiles du Hizbollah. Un peu plus tard, Al Qassam donne un bilan de 8 soldats tués dans le bivouac qui a été totalement soufflé.

Israël fait état de 260 millions de dollars qui ont été fournis par les USA, depuis 2016, pour détruire les tunnels souterrains du Hamas mais sans succès, comme dans une mauvaise fiction. Le Financial Times révèle que l'armée israélienne aurait découvert à Gaza une carte qui retrace avec précision des positions ciblées par le Hamas de 7 octobre.

Pêle-mêle, une école de l'Unrwa est soufflée par les bombardements ; au Liban, l'attaque par missiles de Khalla Warda a fait mort de soldats ennemis, Croissant rouge : « Le tout Gaza est bombardé de toutes parts », l'armée demande aux gens de quitter leurs habitations ; le Hizbollah frappe à Barka Richa et fait de bons résultats en ciblant 8 positions ennemies ; Israël reconnaît la mort d'un officier et de 2 soldats ; la caserne de Branit est touchée par les tirs du Hizbollah ; Alma Echaab est frappée pour la première fois : un résistant est touché… Une incursion militaire a lieu à Djenine, suivie d'accrochages intensifs avec la résistance.

Les familles de détenus israéliens, désappointés lors de la rencontre avec le conseil de guerre, quittent la rencontre avant la levée de séance. Un ancien officier du Mossad dit qu'il y a « des otages à deux visages ». Un responsable américain affirme : « Des sanctions sévères seront prononcées contre les colons qui tuent des civils palestiniens en Cisjordanie ».

Les sirènes retentissent à Djalil Aala, dans le cercle de Gaza. Al Qassam annonce un bilan de soldats ennemis tués. Le Hizbollah fait état de 11 positions ennemies ciblées au sud Liban. Les missiles tombent sur les soldats ennemis au moment où ils s'apprêtent à riposter. Les tirs de blindés touchent trois résistants, 15 missiles tombent sur les colonies proches de la frontière et 10 autres à Djalil Aala. Pas de bilan pour l'instant.

Nadi El Assir palestinien fait état de 40 civils arrêtés. Un officier israélien de la campagne du sud de Gaza reconnaît : « Nous menons la bataille la plus difficile de notre histoire ». Netanyahu comme toujours : « Nous ne pouvons pas rapatrier les détenus ».

Des missiles tombent à Sederot et Ascalon, avec la tombée de la nuit. Huit résistants sont tombés à Dir El Baleh. La Maison Blanche : « Nous constations qu'ils annoncent aux civils les endroits qu'ils ciblent ». Il s'agit en vérité de caches où ils se retranchent qu'ils ciblent. Un ancien détenu dira : « Ils frappent les caches de réfugiés ».

Israël donne enfin son bilan : 10 soldats morts. Al Qassam annonce avoir détruit 24 blindés et 18 soldats ennemis dans des explosions près d'un trou piégé, à Khan Younes. Le bilan officiel, côté israélien, fait état de 408 soldats tués depuis le 7/10 et 84 depuis le début de l'offensive terrestre.

Lors d'une réunion du comité de guerre restreint, le chef d'Etat-major est fouillé pour vérifier s'il porte un enregistreur dans sa poche. Cette gaucherie a donné l'occasion au chef du parti extrémiste, Israël notre foyer, de traiter Netanyahu de « fou d'avoir osé fouiller le chef des armées, c'est une humiliation pour tous les soldats », tonne-t-il.

Des tirs nourris ont lieu dans une maison à Khan Younes ; les Israéliens disent qu'il s'agit de maison où les chefs du Hamas se sont retranchés. Au Rafah, point de passage avec l'Egypte, des femmes et enfants ont élu domicile dans des mosquées, pour se protéger du froid, en attendant l'ouverture du passage, toujours fermé.

Le porte-parole du Hamas, Oussama Hamdane, dit : « Ils sont tombés dans un étang de sang. Il n'y aura pas de négociation pour libérer les détenus. Ils porteront seuls la responsabilité. Ils seront désormais exposés aux tirs ennemis qui se foutent de leur sécurité. C'est évident ».

A Djenine, des renforts arrivent dans un camp de réfugiés de l'Unrwa. On entend des explosifs et des tirs incontrôlés. Bilan ; 8 blessés parmi les civils.

Les journalistes reçoivent des menaces directes de soldats et officiers des services renseignements ; par téléphone et via les réseaux sociaux. Le chiffre des journalistes tués a dépassé le seuil de 70 crimes depuis le début du conflit ; ils sont tous Palestiniens.

Les génies de l'armée ennemie ont trouvé la solution. Il s'agit maintenant d'inonder les souterrains du Hamas par l'eau de mer, quitte à détruire toute portion de terre cultivable, sans être pour autant sûrs de débusquer le Hamas de ses caches. Puis il y a eu, selon le New York Times, un missile du Hamas sur la base nucléaire Sidot Micha, au centre d'Israël, le 7 octobre, qui a failli embraser tout le Moyen-Orient. Il a déclenché des incendies mineurs, sans plus. Il y a entre 20 et 25 têtes nucléaires à Jericho, selon Hans Christeno, directeur du projet info-nucléaire américain.

Selon Amnesty International, Israël a utilisé des bombes américaines interdites, du 10 au 22 octobre, contre des civils, qui ont tué 43 personnes au total : 19 enfants et 14 femmes. L'allusion est faite ici à la guerre du Vietnam où le Napalm et l'agent orange ont été utilisés pour tuer le plus grand nombre. Aujourd'hui, l'utilisation des bombes au phosphore, des bombes incendiaires et au gaz a été prouvée, en attendant d'autres armes plus néfastes.

Oussama Hamdane précise : « La guerre se fait par du matériel de guerre américain, grâce à un pont aérien installé depuis le premier jour ».

Des tirs d'artillerie retentissent des fermes de Chabaa, suite aux frappes de missiles du Hizbollah qui a ciblé les radars de l'armée ennemie. En Irak, une base américaine a subi des attaques par drones, aussitôt confirmées par la résistance irakienne. De son côté, Al Qassam annonce : « Nous avons frappé des groupements de soldats ennemis lors d'une relève ».

Côté israélien, des civils comptent saisir la CIJ contre leur gouvernement pour ne pas les avoir protégés des frappes. Il s'agit de missiles tirés de Gaza qui sont tombés sur leurs habitations.

Une maison est encerclée à Naplouse. Le gouvernent Netanyahu annonce avoir trouvé des armes dans une école de réfugiés, la plus grande. Le Hamas croit encore à la possibilité d'un accord avec l'ennemi dont il semble ignorer les intentions. L'armée du Tsahal a déjà divisé Gaza en deux, tout en faisant son cinéma qui consiste à faire croire qu'il se concentre sur Rafah pour berner son monde. Pendant que l'opinion est branchée au sud, au nord une route est déjà accomplie.

Il s'agirait d'un nouveau mensonge parce que les ONG décrient les frappes contre les centres de l'Unrwa, sans aucune raison. « Nous faisons une nouvelle méthode pour couvrir les civils, parce qu'ils se cachent derrière eux », poursuit-on.

Israël annonce la mort d'un officier dans une voiture renversée et refuse de délivrer le visa à une contrôleuse de l'ONU. A la radio, ils disent « continuer de frapper pour mieux négocier ». Côté Yémen, l'armée dit avoir intercepté un missile sol-sol venant de la mer Rouge.

En France, Bruno le Maire dit avoir gelé les comptes de Yahia Sinouar. Il s'agit là d'une pirouette qui consiste à dire aux Palestiniens que les chefs du Hamas roulent carrosse, pour les dresser contre eux. Né en 1962 à Khan Younes, Yahia Sinouar a obtenu une licence en lettres arabes et a rejoint très tôt la résistance palestinienne. Il est arrêté en 1988 et condamné à la perpétuité ; il sera libéré dans un échange de prisonniers dans l'affaire du pilote israélien. Dans les geôles, il a écrit un roman sous les titres « Les épines et les girofles » où il raconte sa vie, depuis son enfance comment il avait vécu la guerre de 1967 puis son calvaire dans les geôles ennemies, jusqu'à l'Intifadha. Il a toujours vécu à Gaza où il est devenu l'un des chefs des plus redoutables de la résistance. Israël le place en tête de liste parmi les chefs les plus en vue. Et voilà que la France s'y met avec son vieux jeu qui consiste à créer une résistance interne à la résistance. En termes plus clairs : diviser pour régner.

L'OMS estime que la situation à Gaza s'approche « de l'heure la plus sombre de l'humanité ». Cette guerre, engagée depuis le 27/ 10, date de l'offensive terrestre, « contre des enfants, a repris avec férocité et à grande échelle », ajoute-t-on.

Lors d'une manifestation pacifique en Cisjordanie, l'armée israélienne procède à des tirs, frappes et arrestations massives de civils. Israël annonce la mort de deux officiers, un colonel et un officier de réserve. Al Qassam annonce avoir frappé une maison, à Khan Younes, où se sont retranchés des soldats ennemis et fait 2 morts.

Le Financial Times estime que les « destructions à Gaza équivaudraient à celles des Nazis ». El Djihad Islami perçoit « le déplacement de population avec l'objectif de non-retour ». Selon un sondage récent, 694 mille Américains soutiendraient la Palestine contre 293 mille pro-Israël.

Le MAE français se dit « très inquiet » des combats au sud Liban. « Nous regrettons les frappes contre l'armée libanaise et la mort d'un soldat. Nous appelons à la retenue pour éviter l'extension de la guerre », propose-t-il.

Couverts par les tirs aériens, de 100 à 200 m de distance, des troupes ennemies avancent sur Khan Younes, sous un feu nourri. Martyrs et arrestations sous un déluge de feu. Kerby a la tête ailleurs : « Nous avons 8 détenus américains à Gaza ; on fait notre possible pour une trêve pour les libérer ». Et d'ajouter : « Nous continuerons d'envoyer des aides à Gaza ». Des aides qui ne passeront pas, bien entendu.

Au nord de Gaza, on assiste à une flambée de violence sans précédent, des familles emportant les choses personnelles, quittent leurs habitations et s'orientent vers le sud, en allant nulle part. Ils fuient l'apocalypse qui s'est abattue sur eux. Les bombes pleuvent en différents endroits, de manière sauvage et ininterrompue. Kerby : « Nous soutenons Israël mais nous lui demandons de tenir compte de la vie des civils ». Les tirs croisés d'aviation et d'artillerie lourde se poursuivent.

Images de funérailles à Jérusalem ouest. Eux aussi, ils pleurent leurs morts, comme des êtres humains. 60 Palestiniens sont arrêtés, beaucoup de maisons sont détruites à Djabalia, ce mercredi matin. Plus aucune ne tient debout. Les corps sont toujours ensevelis sous les décombres avec la levée du jour. On compte déjà plus de cent morts, en attendant les fouilles sous les ruines pour faire le décompte.

MAE libanais : « Quand Israël se place au-dessus des lois, elle fait ce qu'elle veut ». Hamas : « La couverture anglaise en Méditerranée implique l'Angleterre dans le conflit ». Et l'on annonce l'arrivée l'arsenal de guerre américain à Israël pour chasser du palestinien. Au sud Liban, Israël dit avoir ciblé de QG du Hizbollah. A l'hôpital Al Amadani, on annonce morts de malades, faute de prises en charge.

Al Jazeera annonce la mort du père, mère, frères et sœurs de son journaliste à Djabalia, 21 personnes au total dans une maison qu'ils avaient louée pour être à l'abri des bombardements avec d'autres proches. Mais le journaliste concerné avait déjà fait état de menaces, en direct à l'antenne ; elles émanent d'officiers des renseignements. Mais s réponse a été sans équivoque : « Je continuerai de transmettre à l'opinion publique les faits tels qu'ils se présentent pour avoir une idée exacte de ce qui se passe à Gaza ». Il a tenu promesse au prix de la vie de ses parents et toute sa famille. Dieu, quel sacrifice ! Il est si jeune, même pas la trentaine, mais porteur de tant de courage et de détermination qui laissent perplexes les journalistes qui croient avoir accompli leur mission, à l'ombre des jardins fleuris.

Selon Haaretz, les membres du conseil de guerre restreint « ont caché les informations relatives aux entraînements des éléments du Hamas sans qu'on les a soupçonnés de préparer une attaque ».

Un responsable américain confie à Reuters : « La marine US a descendu un drone à Bab El Mendeb ». Le MAE jordanien : « Nous combattrons quiconque voudrait isoler Gaza de la Palestine ».

Selon le MAE israélien : « Nous isolerons le Hizbollah par la loi internationale. Si la loi ne le permet pas, nous bougerons militairement ». Une absurdité qui ne peut émaner que de la bouche d'un dingue ; nous demandons l'application de la loi qu'on ne reconnaît pas, sinon on fera ce qu'on est en train de faire à Gaza.

Chez Al Qassam c'est plus clair : « Nous avons frappé et détruit 12 blindés et des engins de transport de troupes » à Choudjaïa. Des images montrent des blindés détruits. Les brigades de la résistance palestinienne lancent un message clair : « Nous avertissons, en cette occasion, tous les pays qui laissent faire et qui soutiennent le carnage que commet l'entité sioniste de représailles ».

La riposte de la résistance en différents endroits, causant des pertes énormes à l'ennemi, a remis les pendules à l'heure.

Lors de la réunion du comité restreint de Netanyahu, il y a eu des divergences sur les aides destinées à Gaza, si on devait les laisser passer ou pas, qui a provoqué des remous et s'est terminée en queue de poisson.

Les Houthis du Yémen annoncent : « Nous avons tiré des missiles balistiques sur des cibles israéliennes à Oum Rachrach ». Ils insistent : « Nous frapperons et interdirons le passage des navires ennemis ». A Sederot, on estime que Gaza est devenue la région du monde « la plus dangereuse ». Guteres insiste : « J'appelle à un cessez-le-feu immédiat ». Mais personne ne l'écoute ; depuis le recours au droit de veto américain, les choses ont échappé à tout contrôle ; le message a été reçu 5/5 par la résistance palestinienne qui a mis les bouchées doubles. Les USA ont installé un pont aérien pour convoyer toutes les armes dont aura besoin la petite entité qui n'a pas une armée dans le sens plein du terme car les armes à elles seules ne suffisent pour trancher, surtout s'il s'agit d'une guerre de tranchées risquée. Les mercenaires ne sont pas payés pour se faire canarder. L'Avion 200 atterrit en Israël avec un chargement de 200 tonnes d'arsenal de guerre pour Israël.

Sur le devenir de Gaza, la Maison Blanche revient à de meilleurs sentiments : « Ce qu'on sait est que l'avenir du pouvoir en Palestine est qu'il soit entre les mains du peuple ». Kerby, qui a toujours dit la chose et son contraire, revient à de meilleurs sentiments, en disant : « Les Israéliens font tout pour faire sortir les innocents de l'impasse ». Il parle bien sûr des civils qui sont bombardés avec fureur, à défaut de ne savoir comment affronter la résistance sur un même pied d'égalité.

Haaretz rapporte que « les autorités ont été averties, la veille du 7/10 sur ce qui allait se produire, pour informer les gens du festival » mais rien n'a été fait. Dans la débandade, les hélicoptères ont tiré sur des civils en fuite et causé de grands dégâts.

Le ministre de la Défense israélien menace de s'en prendre au Hizbollah et de le renvoyer derrière l'oued Litani. Le Hizbollah riposte par 11 offensives en un seul jour. Les Libanais ont dû entendre Gallants et les Français ont dû intervenir pour calmer les esprits.

Le journal Idiot Ahronot rapporte : « Washington travaille pour trouver la solution entre Israël et Liban au sujet des frontières ».

Plus de 100 corps sont bloqués à l'hôpital Al Amadani. L'armée ennemie empêche les Palestiniens de les porter au cimetière.

Guteres annonce son intention d'activer l'article 99 de la Charte des Nations Unies, pour menace contre la « sécurité internationale ». L'article stipule : « Le Secrétaire général peut attirer l'attention du Conseil de sécurité sur toute affaire qui, à son avis, pourrait mettre en danger le maintien de la paix et de la sécurité internationales ». L'ONU a dû recourir à cet article pour mettre un terme au conflit libanais, en août 1989.

Gallants a mis sur le tapis le devenir d'Israël, en rapport avec l'issue de la guerre contre Hamas. Netanyahu a pleuré ses pertes, qui lui ont « fondu le cœur », selon son expression. Les USA convoient 10 mille tonnes d'arsenal militaire pour terminer cette guerre en beauté. L'Angleterre dit envoyer des drones de surveillance en Méditerranée, sans consulter les pays riverains, au moins sept pays arabes qui ne voient pareille initiative d'un côté positif. On n'est plus au temps du grand empire où ne soleil ne couchait pas. Les Britanniques devraient revoir leur copie à cesser de faire preuve de suffisance.

La base US d'Aïn El Assad est frappée par l'opposition irakienne. Des responsables politiques du staff déconseillent à Biden d'ouvrir un front au Yémen. Car l'expérience de l'invasion sans raison de l'Irak en 2003 a été douloureuse. Dès son arrivée au pouvoir, Biden a rapatrié ses troupes d'Irak et d'Afghanistan, en exposant les coûts de la guerre au quotidien, qui furent douloureux pour un pays en perte de vitesse sur tous les plans. On l'a vu dans la guerre d'Ukraine où les Yankees ont dû recourir à la guerre par procuration, en payant armes et munitions, pour freiner les appétits de Poutine. C'est pareil pour Gaza, il fait le même jeu macabre en créant un pont aérien pour fournir armes et munitions au fou de Tel-Aviv, sans vraiment s'engager ouvertement dans le conflit. Mais tout le monde aura compris qu'il s'agit encore une fois d'une guerre Amérique/ Monde arabe dont il faudra un jour payer le prix. Les fiers Arabes n'ont pas la mémoire courte. Biden le sait. Comme il sait que les dix ou vingt prochaines années ne seront pas faciles avec les grands producteurs de pétrole dans le monde. Ce n'est que le début d'une histoire qui promet d'être alléchante quand la résistance palestinienne leur apprendra que les rapports sont en train de changer dans le monde. Il y l'effet Sinouar qui a fait son œuvre.

Le monde se met à bouger

Al Jazeera dénonce la tuerie de 22 membres de la famille de son journaliste qui a dénoncé les menaces répétées qu'il recevait des officiers du Shabak et du Mossad, avant leur mise à exécution. Maintenant que c'est admis, la chaîne d'info la plus écoutée dans le monde arabe va passer à l'acte, en ouvrant des poursuites contre l'armée sioniste qui est en train de commettre un génocide à ciel ouvert, en tentant de cacher ses crimes en éloignant la presse du lieu macabre.

Mais l'opinion mondiale a pris un nouveau virage, depuis qu'elle a découvert les intentions de l'Etat voyou qui étale ses muscles comme s'il disposait d'une véritable armée. Or, il s'est avéré que depuis le début conflit, elle n'a réussi que dans le mensonge outrancier en parlant d'un ennemi qui n'en était pas un, en tirant à bout portant sur un peuple sans défense.

Comme tout mensonge a un début et une fin, le monde s'est mis à bouger pour arrêter ce jeu macabre, avec la complicité ou le feu vert américain. Les manifestations ont pris de l'ampleur partout, des actions politiques et diplomatiques fusent d'un peu partout. La dernière en date vient de Colombie où le président Gustavo Pedro a qualifié d' « actes nazis » les actions que mènent Israël contre le peuple de Gaza.

Pire, même ses amis n'arrivent plus à retenir leur langue. C'est le cas d'Austin, le chef de guerre américain, qui est allé essuyer les larmes de

Netanyahu après la gifle du 7 octobre, en disant :
« Israël va connaître une défaite stratégique à Gaza si
son armée continue dans le massacre de civils ».
Même le président israélien n'a pas pu retenir sa
langue, par pudeur, lorsqu'il a prononcé le mot
« Apartheid », sans le savoir, et poursuivi : « ou du
Franco qui avait empêché les Basques de parler leur
langue ».

Guteres qui a décidé de saisir le Conseil de
Sécurité (CS) en brandissant l'article 99 de la charte
des Nations unies, vient de saisir officiellement le CS
et appelé à « l'arrêt immédiat » des hostilités. Mais
comme Israël se situe au-dessus des lois, elle a suivi
son maître d'antan, le Führer, en créant son propre
holocauste.

Comme un malheur n'arrive jamais seul, le conflit
est sorti des frontières de Gaza pour s'étaler
progressivement jusqu'au Yémen, en passant par le
Liban, Syrie et Irak.   Biden a dû envoyer son
émissaire à Beyrouth pour calmer les esprits. Au
Yémen, un responsable américain « a demandé à
Israël de laisser les USA répondre aux Houthis pour
que le conflit ne se propage pas ». Têtu comme
jamais, un responsable israélien, qui a requis
l'anonymat, rétorque : « La guerre ne s'arrêtera ni
dans peu de jours ni dans quelques semaines ».

Israël a poursuivi son œuvre jeudi, en canardant
des civils à Nousirat et Maghazi, causant la mort de
neuf personnes, et en envoyant les blindés plus au
nord pour tirer sur des secouristes près de l'hôpital
Chifa. Al Qassam a riposté à Choudjaïa en détruisant
des blindés ennemis.

Une enquête réalisée par l'AFP rapporte qu'un blindé israélien avait tiré le 13 octobre sur des journalistes au sud Liban et causé la mort d'un journaliste et blessé d'autres. Une ONG des droits de l'Homme américaine, G Street America estime que les « crimes contre les civils sont inconcevables ». Une autre européenne constate des arrestations massives de civils pendant qu'Oxam appelle à « un cessez-le-feu immédiat ». Dans la foulée, 135 camps de réfugiés ont été détruits. En guise de réponse, Al Qassam annonce avoir causé beaucoup de pertes à l'ennemi « sur son propre territoire ». Sur l'autre flanc, suite au largage de bombes fumigènes, on compte beaucoup d'asphyxiés à l'école de réfugiés de Cheikh Redouane, suivie d'une toux généralisée de tous les présents à cause de bombes à gaz. Ainsi, Israël a lancé en même temps tout ce qu'elle avait comme bombes exterminatrices. Mais ce n'est qu'un début.

Bloomberg avertit : « La destruction de tunnels du Hamas prendra des mois ». Un responsable de la Maison Blanche revient à de meilleurs sentiments, en disant : « Il n'y a pas d'autre choix que l'Etat palestinien en sa qualité d'entité palestinienne institutionnelle ». C'est-à-dire qu'il faut réparer les dégâts avec les moyens de bord. En ce moment même, des civils déplacés vers le sud ont été liquidés dans la nature, sans témoins gênants.

Netanyahu revient avec ses lubies : « Le Liban va devenir un second Gaza », alors que le Pentagone appelle « au respect des journalistes ». Seulement les journalistes ? Des maisons sont détruites à Hay Zeitoun. Les chars entrent en action et tirent des obus sur tout ce qui bouge à Khan Younes. Guteres s'insurge : « Je vais faire mon possible pour faire cesser le conflit ». Au moment où des manifestations ont lieu devant une usine d'armes de guerre en Grande Bretagne.

Israël annonce que deux missiles, tirés de Syrie, sont tombés en zone ouverte, c'est-à-dire, sans causer de dommages humains. La Maison Blanche estime que les attaques de Houthis « empêchent la navigation en Mer Rouge. Washington cherche une formule pour couvrir ses navires ». Le sud Liban donne du stress à Israël par ces frappes continues qui ne veulent pas cesser.

Suite au message d'Al Qassam, le bilan officiel, côté ennemi, donne 5 soldats tués, 4 officiers dont le fils d'un des chefs de guerre ou plutôt son neveu et 24 blessés. Le résultat est atroce ; il fera pleurer le chef l'Etat-major et fera monter le bilan « officiel » à 92 soldats tués depuis le début de ce qui est communément appelé « offensive terrestre ». On voit à l'œil nu les hélicoptères transporter beaucoup de blessés du champ de bataille. En riposte, les bombardements aériens se sont déversés sur Beit Hanoune et Beit Lahya, au nord où ils disaient l'avoir pacifié. Le Pentagone annonce envoyer des drones pour surveiller l'espace du conflit à Gaza.

Oussama Hamdane, porte-parole du Hamas revient à la charge sur les divagations sémantiques : « La décision du Congres sur le mixage sionisme-antisémitisme est du pur terrorisme (…) beaucoup de colonies ont été touchées au nord d'Israël ». De son côté, le Hizbollah annonce : « Beaucoup de blessés ont été enregistrés au sud Liban, suite aux frappes qu'ils ont subies ». Mikati, le PME libanais : « Nous allons intégrer les rapports d'Amnesty et Human Watch au dossier ». Iran : « Il s'agit d'un génocide avec accord de l'Amérique et de l'Europe ». Amnesty International : « Israël sait ou doit savoir où conduit l'extermination de civils ». Le message est assez clair. Mais l'entité sioniste va plus loin en accusant le SG de l'ONU, en disant : « Guteres milite pour le Hamas ». Les intégristes israéliens envahissent la mosquée El Aqsa avec leurs sales chaussures. En 24 heures, Israël a réalisé un bilan remarquable : 350 martyrs et 500 blessés, avec une majorité de femmes et d'enfants sans défense. Saraya El Qods disent avoir capturé un robot ennemi qui participait au carnage.

Au sud Liban, le Hizbollah annonce : « Nous avons frappé des positions ennemies à Rouisset et fait un nombre considérable de morts et blessés avec des tirs aux missiles ». Un correspondant de presse a confirmé les pertes qui ne sont pas encore évaluées. Des sirènes ont retenti dans les colonies du Golan occupé, à la suite de la riposte aux tirs de missiles à longue portée dans une région proche de Damas. La question des détenus continue de susciter le débat. 142 associations ont demandé à Biden de leur ramener leurs proches.

Un responsable américain souligne : « Le combat contre Hamas réduit la menace contre l'existence d'Israël ; c'est la raison pour laquelle on refuse l'arrêt du conflit ». Al Qassam annonce la destruction de 135 engins ennemis pendant les trois derniers jours. Comme on fait état de tuerie de civils portant des drapeaux blancs par les soldats israéliens, sans donner de chiffres. Al Qassam annonce : « Nous avons frappé Tel-Aviv avec des missiles, en réponse à la tuerie de civils désarmés ».

Selon des responsables israéliens, Biden aurait accordé à Israël un délai qui expire en fin d'année pour finir la guerre avec le Hamas. L'ONU estime le nombre de déplacés de Palestiniens, du nord vers le sud, à 1,9 million. Israël annonce un mort par tir d'un hélicoptère ami. L'hôpital El Amel a reçu plus de 100 blessés. De l'autre côté, à Ramallah, l'ennemi fait une incursion avec des blindés et l'arme lourde, tue 4 personnes, et la police intervient pour interdire la prière du vendredi à la mosquée El Aqsa. L'ancien militant de la résistance palestinienne, Cheikh Nadjeh, est maintenu au-delà de la prescription légale.

Selon Politico, Biden aurait interdit la frappe des hôpitaux. Ordogan dit sans ambages : « Netanyahu est en train de commettre un génocide. La communauté internationale doit prendre ses responsabilités ». Les USA demandent à Bagdad de convaincre les diplomates que la légitime défense reste le meilleur recours ».

Gaza est toujours sous les bombardements au phosphore sur les écoles de l'Unrwa. A Cheikh Redouane, les blindés détruisent une mosquée puis tirent sur une autre à Khan Younes. A défaut de trouver un ennemi, on prend les mosquées et les hôpitaux pour des cibles potentielles et les alliés sont convaincus de cette stratégie loufoque.

Al Qassam fait 6 morts, dans une tentative ennemie de libérer un otage. A Toubass, en Cisjordanie, les chars se retirent. Un soldat de 25 ans est tué dans un déluge de feu qui a détruit 135 engins. S'ensuit un autre accrochage où deux officiers ennemis ont laissé la peau. Le MAE US Blinken trouve qu'il y a mort de « trop de soldats ». Son homologue chinois réplique : « Il faut prendre ses responsabilités pour faire cesser le conflit ».

Pour la première fois l'on parle de guerre cybernétique et de destruction de dossiers sensibles, côté israélien. Mais l'information est passée en catimini sur le fil infos brèves, sans que personne ne s'interrogeât sur le contenu. Le Monde en avait fait état, à un certain moment, sans susciter le débat parce que le dossier est sensible et pourrait provoquer des dégâts dans la hiérarchie militaire israélienne, autant que politique. L'information est divulguée le 8 décembre, soit deux mois, jour pour jour, après le coup qui a rendu fous les chefs de Tel-Aviv.

Une école de l'Unrwa est détruite ; sous les décombres, une fille de deux ans est retrouvée vivante. Des missiles de la résistance sont tirés à Sederot. Des explosions retentissent à Tel-Aviv. L'hôpital Européen est frappé de plein fouet à Khan Younes.

Le Hamas rapporte : « Nous avons trouvé une force considérable qui s'apprêtait à libérer un otage. Il y a eu accrochage aux mitraillettes et le soldat otage à été tué par balles amies ». Il s'agirait du soldat Saer Bonouh. Deux officiers ennemis sont morts dans cet accrochage. Israël disait avoir découvert un arsenal important du Hamas en cet endroit.

S'agissant des civils déshabillés sous la menace des armes et photographiés puis distribués sur les réseaux sociaux, Hamas dit qu'il s'agit d'œuvre de mercenaires et de milices « terroristes ». Une armée ordinaire, tenue par les règles de l'éthique, n'aurait jamais fait cela. Mais ces actions vont se répéter tant que durera la guerre. Abou Obeiba annonce, de son côté, la destruction de 135 blindés en 72 heures seulement.

Le MAE saoudien : « Tout le monde n'a pas fait ce qu'il devait faire, surtout ceux qui ont le pouvoir d'influence. Nous souhaitons que Washington fasse plus ». Le MAE jordanien dit : « La priorité est l'arrêt du conflit ».

Selon les témoignages, les gens filmés ne sont pas des résistants, comme soutenu par la partie ennemie, parce que des journalistes ont été reconnus parmi eux.

En Cisjordanie, deux hommes tirent sur des colons, près d'un barrage, à Yabed, un passage obligé qui mène vers la sortie de Ramallah. Ils blessent un colon. Tout de suite, la police engage des poursuites. S'ensuit une pluie de missiles sur Israël.

A Gaza, ce fut une journée noire ; plus de 500 martyrs sont tombés ce jour-là, tués aux bombes de phosphore, de gaz et fumigènes, comme avec l'intention de faire le maximum de morts. Guteres commente : « Le point de non-retour est atteint ». Le Hizbollah n'est pas loin d'une guerre non déclarée avec l'entité sioniste qui grignote des frontières, ici et là, sans insouciance.

Les images montrent une pluie de missiles sur Israël, suivie de 3 frappes par mer puis 2 sur Tel-Aviv puis d'autres sur les villes de l'intérieur, y compris à l'aéroport Ben Gourion. C'est que le Hamas a ses capacités intactes pour pouvoir frapper l'ennemi là où il veut. Dans l'après-midi, il y a eu des frappes à Sederot, Ascalon et en d'autres endroits. Même la muraille de séparation a été détruite. La résistance a fait, semble-t-il, une démonstration de force. Les critiques fusent de partout en Israël : où est cette « redoutable » armée qu'on vante en Occident ; les officiers se sont retranchés dans leurs bureaux au lieu d'arrêter une stratégie de riposte ; mais que sait faire pareille armée d'autre que de canarder les civils ? Ce sont là des questions vitales qui concernent et touchent profondément le devenir même de cette nation, créée en labo et jetée dans le corps moyen-oriental. Il faudrait peut-être revoir sa copie et réfléchir sur le « to bee or not to bee ». C'est la question fondamentale qui se pose à présent. La Grande Bretagne appelle à la reprise du dialogue. L'Egypte : « Le monde arabo-islamique observe cette institution (ONU) avec rage et suspicion pour sa défaite de faire cesser le conflit qui est à son troisième mois, avec un chiffre de plus de 17 mille morts, dont la majorité sont des enfants et des femmes ; ce qui prouve qu'il s'agit bel et bien de punition collective, d'extermination d'un peuple (…) avec la destruction des hôpitaux, écoles, maisons, mosquées, siège de l'ONU, etc. (…) nous vous demandons de prendre vos responsabilités et d'arrêter tout de suite le conflit ».

Dans le rapport du Conseil des pays du Golfe, on lit : « Israël est responsable de l'incurie, en bafouant le droit international au nom de l'auto-défense, par la punition et le déplacement de population. Le blocus israélien contre des civils est anti-droit, selon l'article 99 de la Charte des Nations unies qui exige l'arrêt immédiat des hostilités, pour crise humanitaire. Nous appelons à son exécution immédiate, par l'arrêt immédiat du conflit et le retour à la vie normale ».

Saraya El Qods annonce avoir attaqué un poste de contrôle par des tirs nourris et fait nombre de morts et de blessés, et piégé l'endroit par des explosifs puis l'aviation est intervenue pour les sortir de leur cache. Deux officiers ont été tués et 21 engins détruits en 24 heures.

Le porte-parole de l'armée fait état de deux blessés dans l'affaire de l'otage, avec d'autres otages blessés. Après l'action d'Al Qassam, le guignol a montré son cinéma où l'on voit des soldats tirer sur des murs, avec personne en face, à jeter par terre les chargeurs et à gaspiller des balles coûteuses, payées aux frais du contribuable américain.

Un sondage donne seulement un tiers seulement favorable à la politique de Biden, en raison de la guerre de Gaza. Dix martyrs sont morts ce soir à Khan Younes, une maison est détruite par bombardement aérien...mais les jours d'Israël sont comptés. Blinken le dit haut et fort : « Premier janvier. Stop ! », avant de dire autre chose, quand on lui fera dire ce qu'il ne devrait pas dire.

Les images d'Al Qassam montrent un char en train de tirer sur un quartier résidentiel puis des résistants qui sortent du néant avec des lance-missiles sur les épaules et le font éclabousser. Cette scène se reproduira tant que durera la guerre. Ils font sauter les blindés par centaines avec leurs pilotes, tireurs et remplacements, autour de cinq à six personnes au minimum par char.

Dans une grande manifestation à New York, on met en valeur le détournement de deniers publics qui serait la cause de cette guerre injustifiée pour échapper aux poursuites.

A l'ONU, la proposition émiratie d'arrêt du conflit est rejetée par le veto américain malgré le vote de trois Etats membre pour. Cela rentre dans la nature des choses, sur le principe de « la raison du plus fort… ».

Le représentant de Russie à l'ONU déclare que les USA ont empêché le Conseil de sécurité de trouver une solution au conflit. « Le résultat de cette diplomatie est le cimetière réservé aux enfants de Palestine », avant d'ajouter : « Nous allons assister à des jours difficiles au Moyen-Orient (…) l'histoire ne pardonnera pas à Washington car on ne pourra plus utiliser les beaux mots comme droits de l'Homme, droit international, etc. nous venons de voir les valeurs humaines de ce système bafouées quand deux membres permanents laissent faire le carnage d'un peuple par Israël ». Et d'ajouter : « Je m'attends à ce que le SG présente la proposition de mettre en œuvre la résolution 2712 au moins pour un résultat partiel ».

Dans une lettre adressée aux autorités libanaises, Al Qassam écrit : « Israël sera brûlé et El Qods libérée ». Il use du langage qui sied à l'ennemi qui veut installer son devenir sur le néant, par l'éradication de l'autre.

Après le veto américain contre la proposition des Emirats, Israël sent qu'il a les coudées franches pour tout se permettre. La même nuit, cette maîtresse gâtée s'est mise à canarder les civils à Khan Younes, par des bombes beaucoup plus puissantes que les anciennes, par mer, par ciel et par terre, quitte à ne laisser âme qui vive. Un bilan de 62 martyrs est réalisé dès les premières heures par tirs croisés, contre 100 la veille ; 99 blessés sont arrivés à l'hôpital Naciria, au sud de Gaza. Comme on a frappé à l'artillerie lourde à Rafah, près de la frontière avec l'Egypte et au sud Liban.

Une fois le feu vert donné, l'ennemi s'est senti libre de faire étalage de sa suffisance. Mais ils le disent du bout des lèvres : « Pour une semaine seulement ». Jamais dans l'histoire de l'humanité on n'a vu cette hypocrisie béante qui consiste à prendre tout le monde pour des imbéciles. Mais qu'importe, l'Amérique s'approche de sa fin, elle a le droit donc de s'offrir des caprices avant que le jeu macabre ne prenne fin.

Guteres, par contre, voit dans la danse macabre des Yankees un reniement des principes élémentaires du droit international, mis en place après le génocide allemand qui avait foulé du pied tous les anciens protocoles. Il a décidé de recourir à l'article 99 de la Charte des Nations unies, c'est-à-dire donner ordre au Conseil de sécurité de faire cesser les combats, en reprenant de la sorte l'initiative qui lui fut ravie ou simplement ignorée par ses belligérants. Souvenons-nous comment il a été empêché, par les nouveaux

Nazis, de passer de l'autre côté du Rafah, en tenant un point de presse dans la nature, comme un SDF. L'Amérique de Biden a décidé, seule, malgré la présence des deux autres opposants au sein du C.S., Chine et Russie, qui n'ont pris aucune initiative pour la contrer, ce qui explique que la Russie de Poutine et le BRICS et tout ce qui s'y rattache n'est qu'un calcul étroit, pendant que la Chine reste obsédée par les marchés juteux qui s'offrent en période de crise aiguë, comme celle qu'on vit au temps présent.

La folie meurtrière d'Israël explique à elle seule cette faillite des institutions qui étaient supposées être les garantes de l'ordre mondial. Dans cet ordre d'idées, on serait tenté de poser une autre question à Biden, comme : quelle serait votre réponse si Israël, votre protégée, utilisait la bombe atomique sur les civils de Gaza, comme vos ancêtres l'avaient fait au Japon ?

Revenons aux faits ; suite aux deux frappes simultanées, des corps sont éjectés dans les rues, sans aucun secours parce que l'ennemi empêche les ambulances de passer. Le directeur de l'hôpital Européen le confirme : il y a près de 900 corps, des malades et des blessés abandonnés à leur propre sort. Le personnel médical est menacé par les armes et ne peut apporter aucun secours, ni remédier à ce gigantesque gâchis.

A Djenine, suite à la frappe des deux jeunes contre le poste de contrôle, il y a eu un accrochage entre résistants et groupe de soldats ennemis. Au sud Liban, l'armée israélienne dit avoir ciblé un QG du Hizbollah. Un soldat ennemi est tué à Djenine.

En guise de réponse au veto usité par les USA, Hamas estime qu'il s'agit d'un acte « irresponsable » et « immoral ». Le Conseil des pays du Golfe réagit enfin : « Nous nous opposons au déplacement de population ». Le MAE saoudien : « Cela veut dire poursuite du carnage de Palestiniens ». Le représentant de la Palestine à l'ONU ne va par quatre chemins : « C'est une honte pour les USA ». Leur représentant, le bronzé, qui a levé le bras pour user du droit de veto, le regarde du haut de ses quatre chevaux, comme élément insignifiant. Le Palestinien poursuit : « Il s'agit d'une extermination ethnique avec le soutien américain ».

Les USA demandent à l'Irak de faire des enquêtes sur « les milices pro-iraniennes » qui seraient à l'origine des frappes contre ses bases. Voilà l'autre débat, plus réaliste, qui remet sur le tapis le poids réel des USA. Après la défaite cuisante en Afghanistan, Washington serait-elle capable de mener une guerre hors des frontières, contre un ennemi dont elle ignore les capacités ? C'est ce que semble mettre à l'œuvre un Poutine pour la mettre à l'essai, en allant canarder les Ukrainiens depuis voilà deux années.

Des morts et des blessés arrivent en nombre à l'hôpital El Qods. 71 martyrs et 160 blessés sont là à joncher le sol, sans prise en charge médicale. Armés de courage, sans jamais fléchir, les Palestiniens font la prière de l'absent de leurs morts et de ceux ensevelis sous les décombres. Israël semble faire son baroud d'honneur en s'acharnant sur les civils comme si elle s'approchait de sa fin irréversible. Souvenons-nous d'Hitler, quand il entra dans sa folie meurtrière en tirant sur tout ce qui bougeait, il creusait sa tombe sans le savoir. La même histoire se répète aujourd'hui avec ses bons élèves qui maîtrisent plus que quiconque la fabrique de la shoah. En foulant du pied le droit international, ne seraient-ils pas en train de mettre à bas toutes les preuves qui les aideraient à se défendre une fois que le monde se serait réveillé de son profond sommeil ?

Selon le correspondant d'Al Jazeera, l'unité 669 du secours militaire transporte morts et blessés tombés aux affrontements au nord de Gaza. Le journal rebelle, Yediot Ahronot chiffre à 5000 les soldats blessés, depuis le 7 octobre, un chiffre qui dévoile l'arithmétique mensongère appliquée depuis le début du conflit, comme si le mensonge était garant de la victoire. Malheureusement pour eux, les brigades du Hamas n'ont à aucun moment fléchi mais fait preuve de combativité désarmante qui a donné ses preuves au fil des jours. Au point où les sceptiques diraient qu'Israël n'a fait que tirer sur des civils sans défense comme pour éradiquer Gaza de sa population pour s'y installer. Les langues se délient enfin, lorsque le ministre de l'Armée reconnaît qu'il y a 2000 militaires handicapés par les frappes de la résistance palestinienne. Yediot Ahronot estime à une moyenne de 60 le chiffre des militaires blessés qui arrivent chaque jour dans les hôpitaux israéliens.

Austin, le ministre US de la défense, se réunit avec le MAE israélien pour trouver une réponse à l'attaque contre l'ambassade US en Irak, avec le soutien supposé de l'Iran. Mais la pluie de réactions à l'usage outrancier du veto n'a pas cessé. L'Iran : « Nous dénonçons l'utilisation du droit de veto qui a empêché l'arrêt des hostilités. Il s'agit là d'une déception majeure ». Turquie : « C'est une grande déception ». Malaisie : « Nous condamnons cet acte ». La Norvège : « Il s'agit d'une décision désastreuse » …

Un militant de la cause palestinienne est mort sous la torture dans une prison israélienne, après son arrestation le matin même à El Khalil. Pour contrer les manifestants, Israël envoie des renforts à Ramallah et opère des arrestations.

La Santé de Gaza fait état d'utilisation de bombes incendiaires et à gaz toxique jamais utilisées auparavant et chiffre le nombre de morts, ce matin, à 133 martyrs, alors qu'une hausse de morts côté ennemi n'est seulement qu'à 97 soldats tués depuis le début de l'offensive terrestre. Comme on estime le nombre d'agressions des colons armés contre les civils palestiniens en Cisjordanie à 300 actes, depuis le 7 octobre.

Le New York Times, selon un responsable américain : « Nous irons vers le Congres pour revoir l'autorisation des armes qu'on fournit à Israël ». Ce qui suppose que les armes sont convoyées sans aucun contrôle, vers un pays tiers, comme s'il s'agissait du 51ème Etat. Mc Carty, l'ancien président du Congrès républicain, vient de démissionner en raison de cette anarchie ambiante. Désormais, le pont aérien USA-Israël sera observé avec une vive attention. 106 millions de dollars en armes sont accordés aux Israéliens, sans passer par le Congrès, ces derniers jours. L'autre anomalie, d'un point de vue américain, se situe dans l'extermination outrancière de civils. Même l'Arabie saoudite qui, généralement, ne lève pas la voix pour dénoncer les Yankees, dit : « Nous assistons à une tuerie en direct ». Kerby dit qu'il y a moins de morts parmi les civils, comme s'il s'agissait d'un compteur qui ne devait pas dépasser une certaine barre. L'assassinat d'un seul civil suffirait-elle à engendrer des poursuites, en termes de droit, M. Kerby ? Sauf si les humains ne sont pas tous soumis aux mêmes droits et devoirs qui régissent le monde d'aujourd'hui.

A Gaza, les disparus se comptent par milliers ; ils sont soit kidnappés soit ensevelis sous les bâtisses effondrées en attendant les mains qui viendraient les faire sortir de sous terre. L'Unicef constate: « Le Moyen-Orient est devenu l'endroit le plus dangereux pour les enfants. Il n'y a que le cessez-le-feu pour sauver les enfants ». Le directeur de l'hôpital Nacer à Khan Younes : « Nous avons perdu le contrôle face au flux de morts et de blessés ».

Sur le front nord, à Kafar Chouba, l'artillerie israélienne oriente ses tirs sur le sud Liban. La chaîne 12 fait état de missiles envoyés sur les positions du Hizbollah, à Djallil Aala. Al Qassam fait le décompte de 500 engins ennemis détruits par la résistance palestinienne à Gaza.

Selon Le Parisien : « La Belgique retire la nationalité aux enfants nés de pères Palestiniens » ; un double-jeu qui expose les suffisances quand il s'agit de « race inférieure ». Les Houthis du Yémen annoncent ne plus tolérer le passage de navires allant vers Israël, par Bab El Mendeb, tant que les aides ne sont pas fournies aux Palestiniens, sous blocus ennemi depuis le 7 octobre.

Une bâtisse remplie à crever est soufflée par les bombes ennemis à Gaza. Les images du déluge montrent des morts jetés dans les escaliers, dans les couloirs, des femmes et des enfants déchiquetés, une ambiance de psychose face à la folie meurtrière. A Khan Younes, les Brigades Saraya El Qods ont dressé deux embuscades aux forces ennemies. A Djebel Allam au sud Liban, le Hizbollah a frappé de plein fouet une patrouille de soldats ennemis. Maarif fait état d'un soldat gravement blessé par une explosion au sud Liban. Deux kiboutzs sont touchés.

La Turquie s'insurge contre ce pogrom : « Israël commet des crimes qui humilient l'humanité tout entière ». Et l'Iran qui apporte son soutien à Guteres : « Le recours à l'article 99 de la Charte des Nations unies est un acte courageux ».

La brigade 669 est attaquée. Al Qassam : « Nous avons frappé une bâtisse où s'étaient repliés les soldats ennemis à Hay Zeitoun et fait morts et blessés ». Les hélicoptères ont été vus en train d'évacuer les morts et les blessés. Cinq soldats sont morts dans une explosion de mines piégées. Yediot Ahranot : 58% des soldats blessés sont dans une situation dangereuse, 12% des troupes israéliennes ont été touchées, en moyenne il y a 60 soldats blessés qui arrivent chaque jour dans les hôpitaux israéliens, dont 4 sur ce total parviennent du sud de Gaza. Des images montrent des missiles lancés du sud Liban sur une caserne proche de la frontière.

Les manifestations de soutien au peuple palestinien ont repris de plus belle. A Paris où ils ont dénoncé les tueries et appelé au cessez-le-feu, à

Copenhague, à Milan, à Londres, Djakarta, Virginie, Tel-Aviv, New York appelant toujours à l'arrêt des hostilités. Le veto semble avoir mis le feu aux poudres, dans le sens où les hommes et femmes libres du monde réveillé refusent l'extermination d'un peuple sans défense et sans aucun soutien humanitaire, privé d'eau et de nourriture. Au même moment, des chars et des obus sont convoyés vers Israël, sans passer par le Congress.

Sur le terrain, 23 engins sont détruits. Les morts sont enterrés dans des fosses communes, faute d'espace dans les cimetières, encerclés en sus par la soldatesque ennemie. Des bâtiments défigurés, des enfants innocents tués par les éclats de bombes sauvages. Insoutenables images de l'horreur à ciel ouvert où les victimes parmi les femmes et enfants se comptent par milliers, chaque heure et chaque jour, sans raison. Révoltant, les jeunes ont perdu leur sang-froid. Ils deviendront tous des résistants, dans le sens où ils sont condamnés à une mort violente même s'ils restent cloîtrés, les bras croisés chez eux. En résumé, la bataille de Gaza est en train de former de futurs résistants. La fable de l'extermination du Hamas, chantée chaque jour par les criminels de Tel-Aviv n'est en réalité qu'un appel au recrutement des Palestiniens, depuis leur naissance, dans les rangs du Hamas. Sinon comment justifier la mort des enfants qui n'ont pas encore appris à vivre, à humer l'air, à courir dans les rues de Gaza sans insouciance, à aller à l'école comme tous les enfants du monde ? Souvenez-vous de Yahia Sinouar ; il a vécu son enfance dans une cache souterraine qui a fait de lui ce qu'il est devenu aujourd'hui. En riposte au carnage, 15 soldats ennemis sont tués au sud Liban. Une ambulance est frappée par des tirs rapprochés qui ont blessé un médecin, devant l'hôpital européen à Gaza.

Ordogan : « Ils ont humilié l'humanité. Ils seront poursuivis pour les crimes commis ». Désormais il n'y a plus de coordination entre les ONG présentes sur place et les instances onusiennes. Place à l'anarchie. C'est ce que voulait Israël : on a réussi à imposer le non-droit.

Ils ont tué les femmes enceintes et les enfants blessés dès leur arrivée à l'entrée de l'hôpital Kamel Adouane, nord-est de Gaza ; ils ont frappé une maison à Dir Balah et laissé des cadavres. Ils ont tué des innocents par des bombes puissantes dans une maison…Ils entament le troisième mois de destructions avec plus d'acharnement, de violence et de haine. Désormais, on ne peut plus rien cacher, la haine raciale est à l'œuvre. On le voit à l'œil nu. Les Nazis n'ont pas fait mieux.

Les familles démunies à Gaza n'ont pas une mie de pain, ni de lits pour s'étendre, ni de toits pour se cacher des pluies et des bombes, ni de vêtements. Ils vivent la déchéance, en attendant « la solution finale ». Mais, en guise de compensation, l'Unité 6 continue d'évacuer les morts et blessés vers les hôpitaux israéliens. Un soulagement en somme, même si une mort ne console pas d'une autre, quand la haine s'installe il n'y plus de place au sentiment pendant le moment de colère. Mais lorsque la haine est viscérale, innée, raciale, il n'y a ni humanisme ni seuil de tolérance. On est en droit de le dire ici, lorsqu'on voit des humains pisser sur les cadavres de leurs ennemis ou tuer les femmes enceintes ou détruire des hôpitaux pour le simple plaisir d'assouvir leur haine de l'autre.

Dieu merci, les hommes et femmes libres ont compris le sens de cette tragédie humaine et sont sortis, partout dans le monde, la dénoncer, sans faire flancher ceux qui la financent, sans changer à aucun moment leur vision des choses même si le spectacle est envoûtant et criard. A Tel-Aviv, ils sont sortis et se sont regroupés devant le ministère de la défense, pour exiger la « libération », de leurs détenus s'entend. Eux aussi, ils sont prisonniers de leur cursus scolaire qui leur apprend à haïr l'autre. L'école de la haine a fabriqué des peuples inhumains. Ils rongent la chair de l'autre sans état d'âme. Le monde dans lequel vivront et évolueront nos enfants et petits-enfants sera ainsi fait ; il n'y aura aucune place aux sentiments humains que dont Dieu nous a gratifiés. Il n'y a que haine et mépris de l'autre. Puis ils viennent chanter sur les toits des refrains de paix, de liberté ou de je ne sais quoi.

Dans le monde, il y a des millions de filles et de garçons qui chantent la paix. On les a vus dans toutes les capitales du monde, chanter de leurs plus belles voix : « Viva Palestina ». Cela donne un baume au cœur parce qu'on est certain que, dans le monde où nous vivons, il y a une majorité qui croit au bonheur, au brassage des populations, quelles que soient leurs origines, de vivre ensemble, sans le désir d'éliminer une race ou une ethnie pour la remplacer par une autre.

Laissons la place aux politiques qui dirigent ce monde déglingué. Blinken fait un saut à Ryad et pousse le nouvel émir à l'aider à éliminer leur ennemi commun, le sacré Yéménite Houthi, à tendance shiite, qui sent l'Iranien à distance. Ils véhiculent la haine où qu'ils soient pour mieux régner et couper les têtes de ceux qui les empêchent d'avancer vers le pire. C'est pareil au Liban, où le Hizbollah empêche les Libanais propres qui ressemblent aux Occidentaux de vivre heureux, même si Israël leur fait exploser le centre de Beyrouth par un attentat spectaculaire ou crée des troubles au nord ou grignote leurs terres au sud.

Le président du comité de guerre israélien s'explique : « Nous avons fait un retour en arrière de 17 ans, nous le payons à présent. Cela va prendre des mois. L'évacuation des blessés se fait sous une pluie de balles et dans l'obscurité. Nous allons faire changer les choses aux frontières avec le Liban, militairement, si on ne peut le faire diplomatiquement ».

Et la scène macabre continue : les transports d'urgence évacuent 19 soldats, morts et blessés, de Bir Sebaa où ils sont tombés dans une embuscade des brigades Al Qassam.

Sederot Ahranot rapporte que cent parmi les blessés ont perdu la vue et que 7% ont des troubles psychiques. Dans son ensemble, la presse israélienne rapporte que les blessés arrivent tous les jours par dizaines aux hôpitaux israéliens. Ils rappellent les pertes enregistrées par l'armée israélienne au fil des conflits : 2656 en 1967, 1641 en 1973 et 9976 en 2023. Et cela monte de manière vertigineuse au fil des jours pendant que Netanyahu et ses sbires appellent à la poursuite de la guerre, pour échapper aux poursuites judiciaires qui les guettent où qu'ils se terrent.

Le Pentagone dit que Biden a évité la catastrophe en annulant l'envoi d'obus à Israël. Est-ce sûr ? Un correspondant de presse fait état de 14 mille obus de blindés envoyés et l'ouverture de toutes les bases américaines, au Moyen-Orient et au Golfe, pour convoyer les armes vers Israël où cet arsenal monstre est utilisé de façon immodérée.

Le porte-parole des otages, comme celui qui empêche de tourner en rond, hausse le ton : « Nous voulons nos enfants maintenant, comme cela a été fait avec les autres, par la négociation ». Netanyahu répond à Biden qui lui avait fixé un ultimatum à fin décembre : « Les combats vont se poursuivre pour plus d'un mois à Khan Younes ».

Comme pour mieux exprimer sa suffisance ; Israël décide de bloquer le transfert d'argent destiné aux employés de Cisjordanie. « Plus aucun chèque ne sera signé », annonce le ministre de l'économie de l'Etat sioniste.

Sur le volet de l'utilisation du nucléaire, un ancien officier de la CIA, Scott Ritter, indique : « Biden pousse à l'utilisation du nucléaire contre la Russie, à l'ombre du conflit Nato-Russie ». De son côté, la Turquie conditionne l'adhésion de la Suède au Nato au soutien du procès de Netanyahu à la Haye.

Sur le terrain, les bombardements ennemis se poursuivent, ce dimanche, très tôt le matin, et des morts et des blessés tombent par centaines dans les agglomérations de Gaza.

Au sud Liban, l'aviation ennemie effectue des raids et largue des bombes à Dhahuka, Oued Hanoul, Yaroun, Unifel à Naqura, etc. l'officier de la 669ème brigade, Bougovitch, âgé de 28 ans, qui avait offert l'explosion d'une maison habitée à sa fille, le jour de son anniversaire, est mort de ses blessures, comme par sanction divine. Vingt soldats sont morts, pendant les cinq derniers jours, annonce-t-on, deux parmi eux au sud Liban où le Hizbollah annonce avoir frappé par drones la caserne Yara, de l'armée coloniale, et fait morts et blessés.

Par ailleurs, l'activation de l'article 99 de la Charte des Nations unies, irrite au plus haut point Tel-Aviv, au point où Elie Cohen dit qu'il s'agit de « soutien au Hamas ». Soutien de l'ONU, s'entend, où l'Amérique a usé du droit de veto, selon le vœu d'Israël.

Le Hizbollah fait état d'une attaque, par drones, d'un poste de commandement de l'armée coloniale à Yaroun et laissé morts et blessés. L'armée a donné un bilan de 2 soldats morts dans cette attaque. Lors d'une réunion de l'OMS à Gaza, cette dernière estime que « le manque d'eau potable et l'absence de centres de soins ont facilité les maladies contagieuses » à prospérer.

Des dizaines de morts parmi les civils sans défense sont enregistrés à Djabalia, suite aux bombardements ennemis. On parle de l'arrivée de 45 morts aux hôpitaux agonisants. En guise de riposte, Al Qassam annonce avoir tué 14 soldats ennemis, parmi les fantassins surpris dans un bivouac, et des chars détruits, à Djabalia et Falouja.

La maison de la famille Aksas à Djabalia est frappée de plein fouet. Un carnage irréel avec des corps éjectés, d'enfants et des femmes, sur les détritus et les pierres sont exposés au grand jour dans un carnage révoltant. Un appel d'un Palestinien destiné aux Arabes et aux citoyens du monde dit ; « Regardez l'apocalypse de vos yeux, toute honte bue ». Cette maison pleine à craquer de réfugiés a été totalement détruite, donnant un spectacle de désolation pour les soutiens du sionisme outrageant, en premier lieu les USA et un certain nombre de pays européens qui refusent de voir l'horreur ou plutôt la soutiennent, on ne sait par quel principe aléatoire qui leur fait dire que les nouveaux Nazis ont le « droit de se défendre », de ses enfants voués, à la fleur de l'âge, à la « solution finale ».

La France, un autre allié du new-nazisme, dit avoir fait tomber deux drones en Mer Rouge. La Maison Blanche a oublié de demander des comptes à l'entité sioniste sur le nombre de carnages civils réalisés dans ce mauvais film de l'Apocalypse en temps réel. Israël, par contre, a donné les chiffres qui la font pleurer : 1593 morts depuis le 7 octobre, 255 officiers et soldats morts depuis le début de l'offensive terrestre, 416 blessés dans les hôpitaux dont 40 se trouvent dans un état grave et 211 dans un état très grave.

Le spectacle de l'horreur se poursuit, cette fois-ci, à Khan Younes où la lâcheté est à son comble lorsqu'on reconsidère le nombre d'enfants tués sans aucune gêne, parfois à bout portant ou par des opérations chirurgicales pour leur voler leurs organes. Les preuves existent. D'où l'acharnement sur les hôpitaux pour faire peur aux personnels, surtout les médecins qui ont fait état de cette horreur. Il y a parfois des sujets qui dérangent mais il est vital pour le devenir de l'humanité de la mettre en garde sur les crimes contre nature qui sont commis, au nom d'on ne sait quelle cause. Un journal israélien fait état de 5000 morts, parmi les civils, seulement à Khan Younes. Cela dépasse tout entendement. Côté adverse, on recense la mort de six soldats par jour, en moyenne. Mais on cache toujours cette vérité pour ne pas affecter le moral des troupes qui sont déjà à la limite de l'effroi, quand ils disent qu'ils ne savent pas d'où sortent ces diables qui les canardent. Il y a même des officiers supérieurs, qui ont les moyens de fuir, qui n'ont pas hésité à prendre la poudre d'escampette, en pleine guerre. C'est peut-être l'une des causes qui les empêchent de donner les vrais chiffres de leurs morts au combat. Ils font sciemment confusion entre morts et blessés pour mieux noyer le poisson.

Al Qassam dit mener une guerre à distance zéro, c'est-à-dire du corps-à-corps avec un adversaire qui est habitué à tirer à distance sur des gens désarmés. C'est ce qui démontre la résistance d'une poignée de combattants aguerris contre une armée soutenue par les grandes puissances, les mercenaires de tous les pays et un armement démesuré qu'ils gaspillent. Lorsqu'on voit les images de soldats israéliens tirant sur des murs, en jetant par terre les chargeurs vides et en gaspillant les balles coûteuses, à outrance, on se dit que tout l'or du monde ne suffirait pas à les armer. Les USA paient les frais jusqu'à ce que des citoyens lucides s'intéressent à cette débâcle et demande nt des comptes. Dès lors, on tombera dans le syndrome du qui a donné quoi pour cette défaite humiliante. Il aurait été plus bénéfique d'engager les Yankees dans cette guerre, au lieu de la faire par procuration, avec des amateurs qui tirent sur leurs propres soldats, depuis le premier jour.

L'on entend des tirs nourris dans les accrochages avec la résistance à Djebalia, Faloudja et Choudjaïa, où les résistants lancent des Allah Akbar avant de se lancer contre l'armée coloniale dans un déluge de feu farouche et sans précédent, où la détermination et la foi dans le combat justifié ne leur donne aucune illusion de repli ou de faiblesse face à un ennemi hésitant et peureux. L'on parle du retrait d'une force spéciale du champ de combat. Bilan : 21 soldats tués et 13 blindés détruits et la déconfiture d'une armée qu'on disait invincible.

Au sommet de Doha, l'on parle d'un système international « complètement déséquilibré ». Le représentant de la Jordanie dit : « Israël a créé un espace de haine dans la région (...) Israël est en train de défier le droit international ». Au Liban, on annonce la mort de 6 soldats ennemis. On chiffre le nombre de soldats tués depuis le début de conflit à 426, contre deux dizaines de combattants du camp de la résistance. L'on voit les hélicoptères, à Choudjaïa et Djabalia, qui se démènent comme ils peuvent pour transporter morts et blessés vers les hôpitaux israéliens. Dix autres sont encore encerclés à Faloudja. Comme on entend des tirs de blindés à l'est de Gaza. Dix engins sont détruits à Khan Younes, Djabalia, Choudjaïa et Rafah. Pendant que des missiles tombent sur le cercle de Gaza. Au sud Liban, la guerre se poursuit, par tirs de missiles nourris sur les colonies, laissant un bilan de six soldats morts.

Abou Obeida, porte-parole d'Al Qassam, revient avec un appel à la grève générale dans les territoires palestiniens et dans le monde arabe qui soutient leur cause. Il montre des images de frappes de groupements ennemis en différents points à Gaza. Des dizaines de blindés ont été détruits avec un nombre considérable de morts et de blessés. Place aux hélicoptères pour débarrasser morts et blessés, après le retrait de la 669ème brigade d'infanterie exsangue. Al Qassam annonce la destruction de 180 blindés en dix jours. Comme on annonce la mort d'un officier, blessé il y a deux jours à Gaza et 6 soldats tués au sud Liban.

Le représentant de la Santé à Gaza fait état de 21 carnages perpétrés sur les civils et une frappe sur l'hôpital Adouane qui a causé morts et blessés. Abou Obeida annonce la défaite de l'ennemi, dans les batailles du nord au sud. Et qu'aucun détenu « ne sera libéré sans négociations ». « L'ennemi est responsable des pertes de moyens d'existence à Gaza », poursuit-il, « les hôpitaux sont saturés par le nombre de blessés ». Il cite le cas d'El Amadani, à moitié détruit, où les blessés et leurs proches n'arrivent plus à bouger.

Le protocole Hannibal

« Mieux vaut un soldat mort que captif », tel se résume le protocole Hannibal. Cette directive promulguée en 1986 par un groupe d'officiers prévoit qu'en cas de capture d'un soldat israélien la mission principale des forces armées est de le libérer même si cela implique sa blessure. Mis entre parenthèses depuis 20 ans, ce protocole est remis à jour depuis le 7 octobre. Le pilote militaire, le lieutenant-colonel, Nof Erez a évoqué, dans une déclaration faite à Al Jazeera, sa mise en œuvre lors de la riposte à l'attaque du Hamas le 7 octobre dernier.

Cette directive permet, depuis son adoption en 2006, à l'armée israélienne de risquer la vie du soldat capturé pour empêcher son enlèvement et de ne plus être contrainte de négocier sa libération. Elle repose sur le principe « qu'un soldat mort vaut mieux qu'un otage en captivité ».

Le protocole en question a été mis en application dès les premiers moments de l'opération Déluge d'Al Aqsa. Ce qui n'a pas empêché l'armée israélienne de bombarder et de raser toute la Bande de Gaza, sans aucune considération pour la vie des soldats pris en otages. Nof Erez a ajouté : « Il semble que le protocole Hannibal ait été mis en œuvre à un moment donné ce jour-là, car lorsqu'une situation d'otages a été découverte, cela a nécessité Hannibal, sachant que les manœuvres Hannibal que nous avons menées au cours des 20 dernières années se limitaient à un seul véhicule transportant des otages. Mais ce que nous avons vu lors du Déluge d'al-Aqsa serait considéré comme un Hannibal de masse. »

Selon des informations rapportées par les médias israéliens, le lieutenant-colonel Erez a été démis de ses fonctions le 31 octobre, après avoir critiqué le Premier ministre israélien Benjamin Netanyahu sur des questions politiques alors qu'il était en service actif.

Le samedi 18 novembre, un article du journal israélien Haaretz a révélé qu'un hélicoptère militaire israélien a ouvert le feu sur les Israéliens participant à une fête organisée près du kibboutz Ra'im, à la frontière de la bande de Gaza, le 7 octobre dernier, alors qu'ils voulaient bombarder les combattants palestiniens. Laissant planer le doute sur le recours à ce protocole même pour les civils israéliens. Un ancien militaire israélien a confirmé l'existence de ce protocole, assurant avoir pour la première fois entendue parler de lui lorsqu'il servait dans l'armée israélienne à la frontière avec le Liban entre 2001 et 2004.

Selon Yehuda Shaul, aujourd'hui âgé de 41 ans, et qui est le co-fondateur de l'ONG Breaking the silence, composée d'anciens militaires israéliens appelant à la fin de l'occupation israélienne de la Cisjordanie, de Jérusalem-Est et de la bande de Gaza, la directive aurait été utilisée la dernière fois en 2014, selon des fuites d'enregistrements audio militaires, bien que l'armée ait nié l'avoir utilisé. La directive, également connue sous le nom de Procédure Hannibal ou Protocole Hannibal, est une politique militaire israélienne qui stipule le recours à la force maximale en cas d'enlèvement d'un soldat, a déclaré Shaul, lors d'une interview avec le site web anglophone d'Al Jazeera le 3 novembre. « Vous ouvrirez le feu sans contrainte, afin d'empêcher l'enlèvement », a-t-il déclaré, ajoutant que le recours à la force s'effectue même au risque de tuer un soldat captif.

En plus de tirer sur les ravisseurs, les soldats peuvent tirer sur des carrefours, des routes, des autoroutes et d'autres voies par lesquelles les opposants pourraient emprunter un soldat kidnappé, a expliqué Shaul. Selon Shaul, la directive avait été partagée oralement avec lui et d'autres commandants. « Je n'ai jamais vu de texte écrit sur les règles d'engagement », a-t-il déclaré.

Cette description concorde avec ce qui s'était passé au Liban en l'an 2000 puis en 2006, lorsque le Hezbollah avait kidnappé 3 puis 2 soldats. Dans les deux situations, les avions israéliens ont été dépêchés pour bombarder les voies de leur évacuation sans prendre en compte la vie des soldats israéliens.

Se basant sur un enregistrement sonore, des médias israéliens ont accusé l'armée israélienne de l'avoir utilisé pour éliminer un militaire israélien, le lieutenant Hadar Goldin, qui avait été capturé par le Hamas en août 2014. On pense qu'il existe deux versions différentes de la directive Hannibal, l'une étant écrite est secrète et n'est disponible qu'aux plus hauts gradés de l'armée israélienne, et l'autre une directive orale est destinée aux commandants de division et aux niveaux inférieurs.

Le Hamas diffusera lundi 18 décembre une vidéo montrant trois Israéliens âgés, retenus en otages dans la bande de Gaza et appelant Israël à faire le nécessaire pour obtenir leur libération. Des images qui interviennent quelques jours après le tollé provoqué par la mort de trois otages israéliens, portant un drapeau blanc, tués par leur propre armée lors de combats dans le nord de l'enclave.

Israël bombarde massivement et sans interruption l'enclave palestinienne alors même que quelque 130 personnes y sont toujours retenues par le Hamas. L'avenir des otages encore présents dans la bande de Gaza s'est assombri depuis la fin de la courte trêve le 1er décembre et interroge sur les desseins de Tel-Aviv, connu pour avoir employé par le passé la doctrine dite Hannibal.

L'armée israélienne a remplacé son controversé protocole Hannibal, un ordre militaire qui accorde aux troupes une permission générale de faire tout ce qui est nécessaire pour empêcher l'enlèvement d'un soldat, par trois nouvelles directives depuis le 1er janvier. Une copie de ces trois directives fournies au Times of Israël précise quelles actions sont autorisées pour empêcher un enlèvement.

Depuis début 2017, l'armée a revu les nouveaux ordres. Le protocole Hannibal, qui peut être utilisé en toutes circonstances, a été remplacé par trois ordres distincts, dépendant des contingences de l'enlèvement : en Cisjordanie en temps de paix, ailleurs au-delà des frontières d'Israël en temps de paix, n'importe où en temps de guerre ou dans une autre situation d'urgence. Aucun nouvel ordre existant ne traite du cas d'un soldat enlevé en Israël en temps de guerre. La directive pour un enlèvement en Cisjordanie est appelée « Test de vérité », pour un enlèvement en dehors des frontières israéliennes « Tourniquet », et pour les enlèvements en temps de guerre, le nom choisi est « Shomer Nafsho », qui indique la prudence et le fait de sauver des vies. L'unité des porte-paroles de l'armée israélienne n'a pas confirmé l'existence des nouvelles directives, déclarant qu'elle « ne peut pas donner de détails sur des plans opérationnels ». La nouvelle du changement de protocole a cependant été annoncée par la radio militaire récemment.

En juin, le chef d'Etat-major Gadi Eizenkot avait décidé d'annuler le protocole car il était apparemment mal compris par certains soldats, vieux de 20 ans, il n'était plus adapté aux types d'incidents que les soldats peuvent rencontrer. Le protocole Hannibal, comme les nouvelles directives, permettait au soldat d'utiliser une force extrêmement importante pour empêcher qu'un soldat ne tombe entre les mains de l'ennemi, notamment en prenant le risque de mettre en danger la vie du soldat concerné afin d'empêcher son enlèvement. Certains officiers comprenaient néanmoins que l'ordre permettait aux soldats de tuer délibérément leur camarade afin d'empêcher qu'il ne soit fait prisonnier, pas qu'ils pouvaient utiliser une force qui pourrait accidentellement le blesser ou le tuer. Le nouveau protocole annonce expressément qu'il est de leur responsabilité d'éviter la capture et d'empêcher l'enlèvement d'autres soldats tout en « protégeant la vie du captif ».

Le protocole Hannibal a été brièvement mis œuvre en mars 2016, quand deux soldats sont entrés par erreur dans le camp de réfugiés de Qalandiya et ont dû abandonner leur véhicule. Les commandants sur le terrain ont activé la directive pendant environ 30 minutes avant que les deux soldats ne soient retrouvés.

Pendant les combats, Iyad Amr Sajdiyeh, un Palestinien de 22 ans, avait été tué, des dizaines d'autres blessés, ainsi que dix membres des forces de sécurité israéliennes.

La directive avait également été employée de manière plus spectaculaire le 1er août 2014, pendant la dernière guerre de Gaza, quand on pensait que le lieutenant Hadar Goldin avait été pris en otage à Rafah, dans le sud de la bande de Gaza. Tsahal avait ensuite déterminé que Goldin avait été tué au combat, et son corps serait toujours entre les mains du Hamas. Quand le protocole avait été déclenché à Gaza, une colonne de tanks aurait chargé des quartiers habités. Des bulldozers ont détruit des maisons. Des batteries d'artillerie, des tanks et des avions de combat ont ouvert le feu, isolant la zone d'enlèvement. Ils auraient également ciblé les véhicules quittant la zone. Selon des médias palestiniens, environ 120 personnes avaient été tuées. L'armée israélienne estime que ce nombre est plus proche de 40.

Mais pourquoi l'armée israélienne a-t-elle violemment pilonné Rafah, dans la bande de Gaza, peu après avoir appris que l'un de ses soldats, Hadar Goldin, déclaré mort plus tard, y était probablement retenu ? Selon le quotidien israélien Haaretz, la réponse se trouve dans le déclenchement du « Protocole Hannibal ». Ce type d'opération, développé dans les années 80 par Tsahal, consiste à tout faire pour éviter qu'un soldat soit enlevé, quitte à le blesser, voire le tuer dans l'opération. Plus concrètement, le quotidien poursuit : « Des armes à feu légères doivent être utilisées afin de mettre les ravisseurs à terre ou de les arrêter. Si le véhicule ou les ravisseurs ne s'arrêtent pas, un seul coup de feu (sniper) doit être tiré, délibérément, afin de frapper les ravisseurs, même si cela peut toucher nos soldats ».

Des méthodes moins « légères » ont néanmoins été parfois imaginées. En 2011, Haaretz expliquait par exemple que l'enlèvement du soldat franco-israélien Gilat Shalit avait radicalisé les propos sur le sujet. L'article rappelait qu'en 2006, la télévision israélienne avait montré un commandant de bataillon expliquer à ses soldats qu'aucun d'entre eux ne devait être enlevé et qu'ils devraient « se faire exploser à la grenade avec leurs ravisseurs plutôt que d'être fait prisonniers ».

Tout a commencé en février 1986. Israël, en conflit avec le Hezbollah libanais, voit plusieurs de ses soldats pris dans une embuscade. Deux d'entre eux sont blessés puis pris en otages. On apprendra finalement en 1991 que les deux soldats sont morts. Leurs dépouilles sont finalement renvoyées en Israël dix ans plus tard. C'est dans ce contexte tendu que l'intérêt de la création d'un tel ordre est apparu.

Pour mieux comprendre l'intérêt de cette décision, Haaretz explique en 2003 que « du point de vue de l'armée, un soldat mort est mieux qu'un soldat captif qui souffre et oblige l'Etat à libérer des milliers de prisonniers dans le but d'obtenir sa libération ». Cette crainte s'est d'ailleurs récemment matérialisée avec la libération de 1.027 prisonniers palestiniens contre Gilat Shalit en 2011. Cela avait déjà été le cas en

1985 avec la libération de 1.150 prisonniers palestiniens contre trois soldats israéliens.

Le quotidien appuie son idée sur plusieurs témoignages et notamment celui de Ronen Weil, commandant de tank dans l'armée en 1989. « Dans les réunions, on nous a dit plus d'une fois que l'intérêt de l'armée lors d'un enlèvement est la mort du soldat parce que l'armée préfère un soldat mort à un soldat enlevé », détaille alors l'ancien combattant. Autrement dit : on évite toute monnaie d'échange.

En 2000, par exemple, trois soldats israéliens sont enlevés à la frontière avec le Liban. Tsahal, qui découvre la carcasse de leur char une demi-heure plus tard, décide de lancer plusieurs hélicoptères à la poursuite des véhicules suspects de la région et ouvrent le feu sur tous ceux qui semblent pouvoir transporter les enlevés. En tout, 26 véhicules sont ciblés. « N'essayez pas de comprendre la logique d'un commandant de bataillon. C'est très complexe, avec beaucoup de choses à prendre en compte », se défend en 2003 Yossi Raphaeloff, le supérieur hiérarchique des soldats enlevés, à Haaretz.

En 2006, deux autres soldats ont été pris en otages encore une fois à la frontière libanaise. Cet enlèvement se déroulant deux semaines après la prise du capitaine Gilat Shalit, l'armée israélienne se lance rapidement à la poursuite des ravisseurs avec des véhicules blindés. Un char saute sur une bombe et ses quatre occupants meurent sur le coup. Pour éviter d'autres pertes, Tsahal décide alors de bombarder violemment les postes avancés du Hezbollah dans la zone. En 2011, un ministre libanais affirme que les deux soldats, gravement blessés, ont été tués dans ces attaques aériennes. En 2009, l'armée israélienne a enfin été accusée par des soldats d'avoir bombardé une maison dans laquelle se trouvait un blessé afin qu'il ne soit pas enlevé. Ce dernier, touché lors d'un échange de tir avec des membres du Hamas à Gaza, n'avait pas pu évacuer la maison que son escouade pensait piégée. Pensant que des forces palestiniennes étaient toujours dans les parages, l'armée a bombardée la maison, tuant le soldat. L'armée considère néanmoins que ce dernier a été tué par le Hamas. Selon Haaretz, il est clair que le « Protocole Hannibal » a été déclenché lors de la découverte de l'enlèvement de Hadar Goldin par des soldats du Hamas le 1er août dernier. Après avoir révélé la mort du soldat vendredi, l'armée israélienne s'est expliquée sur le déluge de feu qui s'est abattu alors dans la région de Rafah, là où ce dernier aurait été capturé. Selon Tsahal, le groupe auquel appartenait Hadar Goldin a été attaqué par plusieurs hommes du Hamas lors d'une opération de destruction d'un tunnel de passage entre Gaza et Israël. Trois ou quatre combattants palestiniens ont alors ouvert le feu et l'un d'eux s'est fait exploser. C'est à ce moment-là que le soldat aurait été tué et, selon l'armée israélienne, c'est cet événement qui aurait rendu difficile l'identification du soldat et qui aurait donc expliqué l'emploi de la force pour le retrouver. Plus largement, le recours à des frappes aériennes peut s'expliquer afin d'isoler la zone de combat en question afin de laisser le temps aux troupes israéliennes de récupérer les corps de ses soldats et donc éviter que leurs dépouilles fassent, elles aussi, l'objet d'un échange avec le Hamas. Il n'empêche que ces lourdes frappes pourraient également être à l'origine de la mort du soldat.

Le nombre élevé de civils tués lors de l'attaque du Hamas le 7 octobre, et les informations des médias israéliens selon lesquels les hélicoptères militaires israéliens intervenant dans l'attaque ont abattu des civils ainsi que des combattants du Hamas, ont donné lieu à des débats sur la question de savoir si l'armée israélienne applique la doctrine connue sous le nom de « Protocole Hannibal ».

Le 19 novembre, Haaretz a fait état d'une évaluation par des responsables de la sécurité israélienne de l'attaque du 7 octobre menée par le Hamas depuis Gaza. L'évaluation des hauts responsables de la sécurité israélienne, basée sur les enregistrements des interrogatoires des membres du Hamas et sur l'enquête de police sur l'incident, a déclaré que le Hamas n'avait aucune connaissance préalable du festival de musique organisé près de la bande de Gaza. L'enquête de la police indique que la plupart des participants au festival ont réussi à s'échapper parce qu'il avait été décidé de mettre fin à la fête une demi-heure avant que le premier coup de feu ne soit entendu. L'enquête a également révélé qu'un hélicoptère israélien avait tiré sur des civils alors qu'il tirait sur des membres du Hamas, et les déclarations suivantes ont été faites dans la dépêche : « Selon une source policière, l'enquête montre également qu'un hélicoptère militaire israélien, qui est arrivé sur les lieux et a apparemment ouvert le feu sur les terroristes présents, a également abattu des participants au festival. Selon la police, 364 personnes ont été tuées lors du festival ». Le journal israélien Yedioth Ahronoth a également publié un rapport sur les moments où les hélicoptères de l'armée de l'air israélienne sont intervenus dans l'attaque organisée par le Hamas depuis Gaza le 7 octobre. Dans le reportage sur la situation vécue par l'armée israélienne pendant l'intervention, l'affirmation suivante a été faite : « Les terroristes du Hamas ont reçu pour instruction de se fondre lentement dans la foule et de ne bouger sous aucun prétexte. Ils ont ainsi tenté de convaincre l'armée de l'air que ceux qui se trouvaient en dessous étaient des Israéliens. Cette tromperie a fonctionné pendant un certain temps, jusqu'à ce que les hélicoptères Apache soient libérés de toute restriction. Lorsque les pilotes se sont rendu compte qu'il était difficile de distinguer les terroristes des Israéliens, certains d'entre eux ont décidé, vers 9 heures, d'utiliser des obus d'artillerie contre les terroristes sans l'autorisation de leurs supérieurs ».

Dans la déclaration de la police israélienne, malgré les informations du journal, il est affirmé que l'enquête de la police ne faisait pas référence aux activités de l'armée israélienne, « Par conséquent, il n'y a aucune indication qu'une activité aérienne dans la région ait porté atteinte à des civils (…) Particulièrement en cette période, nous appelons les médias à faire preuve de responsabilité dans leurs articles et à ne se baser que sur des sources officielles », indique le communiqué de la police.

Dans une lettre envoyée à la presse le 26 octobre, l'unité de censure militaire de la direction du renseignement militaire de l'armée israélienne a imposé plusieurs interdictions sur les informations concernant Gaza et a demandé que toutes les informations et images relatives au déroulement de la guerre et aux activités de l'armée soient envoyées à son « unité de censure », avant d'être publiées.

Dans les images diffusées par la chaîne de télévision israélienne Channel 12, le 11 novembre, un journaliste israélien, en direct de l'hôpital Barzilai dans la ville d'Askalan au nord de la bande de Gaza, a déclaré qu'il ne pouvait pas fournir d'informations sur l'état des soldats amenés sur place en raison de la censure annoncée après le 7 octobre. Le journaliste israélien a déclaré : « Nous devons dire que toutes les informations que nous vous transmettons depuis le front de l'hôpital Barzilai ont été censurées par l'armée israélienne. Nous pouvons dire que des soldats blessés sont arrivés ici, mais nous ne sommes pas autorisés à en parler davantage ».

En plus des morts, une centaine de civils et de militaires ont également été pris en otage et emmenés dans la bande de Gaza. Ils pourraient servir de bouclier humain face à l'offensive israélienne « Glaive de fer » ou pour de futurs échanges de prisonniers. À moins que Tsahal, l'armée d'Israël, ne réactive la directive Hannibal. Décriée, elle ordonne aux soldats de tout faire, qu'importent les moyens, pour empêcher qu'un des leurs ne soit fait prisonnier, souvent au détriment des populations civiles sur le terrain.

« J'ai ordonné un siège complet de Gaza. Nous combattons les animaux humains et agissons en conséquence », a annoncé, lundi 9 octobre, Yoav Gallant, le ministre israélien de la Défense. Une déclaration qui laisse présager du peu de retenue que fera Tsahal dans l'usage de la force. L'armée israélienne a d'ores et déjà mené plusieurs frappes aériennes sur des immeubles dans la bande de Gaza. Au sol, des dizaines de tanks ont été vus remorqués, traînés, tandis que des milliers de réservistes sont rappelés. Ces éléments d'informations, rassemblés pêle-mêle, prouvent que le « Protocole Hannibal » a été actionné depuis le début du conflit et que la censure bat son plein. Ce qui explique les bombardements intensifs de l'armée israélienne, par de nouvelles armes américaines très destructrices, utilisées sans aucune retenue sur des civils, y compris sur leurs propres soldats tenus en otages par le Hamas.

En Mer Rouge, les avertissements des Houthis sont sérieux. Un bateau transportant du pétrole mettant voile sur Israël est pris pour cible. Le Satrinda, portant pavillon norvégien, est ciblé par deux missiles qui ne l'ont pas touché. Des soldats Houthis sont parachutés par hélicoptère. Ils prennent en joue l'équipage puis effectuent le contrôle du navire. D'autres bateaux seront passés au peigne fin par les Houthis qui ne comptent pas faire de la figuration pendant que les Palestiniens se font canarder par ce ramassis de mercenaires. Les Houthis disent avoir tiré seulement après que le navire en question a refusé d'obtempérer. Des missiles envoyés par le Hizbollah du sud Liban sur la caserne d'El Malikia à Djabal Aala sont interceptés par des anti-missiles ennemis, annonce-t-on.

Mais rien n'empêche les enfants de chanter ; ils ont chanté les chansons nationalistes, en restant assis sur les détritus causés par les bombardements américano-sionistes. Ils ont tapé des mains en rigolant pendant que les parents ont organisé un repas sur les ruines au milieu des bâtiments effondrés, tout en riant et en échangeant des politesses avec leurs invités. Cette ambiance de fête, sous le toit de fumée des bombardements sans commune mesure dans l'histoire des peuples, exprime leur attachement à la vie et à leur terre, quelle que soient les forces ou les appétits de l'ennemi.

A Khan Younes, les brigades de Saraya El Qods font état d'accrochages intensifs avec l'ennemi, dès le matin. L'OMS indique que ses agents ont été arrêtés à deux reprises, gardés et longuement interrogés par les services de renseignements sionistes. Après les hôpitaux Chifa et Indonésie, la soldatesque occupe l'hôpital Adouane et tient le personnel en joue. Médecins sans frontières déclarent : « Les informations qui nous parviennent de l'hôpital Adouane sont catastrophiques ».

Netanyahu maintient toujours son intention de garder Gaza sous sa botte, une fois le Hamas éliminé. Il veut en faire une colonie, dans le sens plein du terme. Tout ce qui a été dit n'était qu'un préambule à ses vraies intentions. On ne fait pas une guerre aussi atroce contre un peuple sous blocus pour remettre les clés ensuite à l'Autorité palestinienne ou autre.

La Santé palestinienne fait un commentaire qui résume au mieux la situation : « Notre sang est devenu pas cher pour les Arabes et les Musulmans quand arrivent 1500 enfants dans les hôpitaux et meurent, faute de soins ou de prise en charge, pendant que les maladies contagieuses se propagent ». A l'hôpital Koweit ou Nedjar au Rafah, la situation est la même sur le plan humanitaire. Les chiffres des morts, blessés ou disparus grimpent, dans l'insouciance généralisée du monde qui observe sans bouger le petit doigt. Un appel est lancé aux ONG et institutions « souveraines » pour sauver les civils, mis sous blocus, avec tous les risques qui peuvent surgir à tout instant par la furie grotesque de cette soldatesque qui n'obéit à aucune loi.

Des renforts arrivent à Djenine, suivis de blindés et d'excavatrices pour détruire tout ce qui n'a pas été détruit, quitte à défoncer les routes pour empêcher la résistance de se déplacer et les ambulances à sauver les blessés. A Rafah, personne n'entre et personne ne sort ; les routes sont coupées et ni les aides ni les officiels ne peuvent passer de ou vers l'Egypte.

A Adouane au nord et à Nedjar au sud, on compte un total de 20 morts dans la matinée du 67ème jour du conflit. Heureusement, sur l'autre flanc, on compte des pertes : 20 soldats ennemis sont tués par des balles amies. Ecoutons Gallant : « Nous avons tué la moitié des chefs du Hamas. Nous avons eu accès à beaucoup d'informations sur les ordinateurs qu'on a pris chez Hamas ». Il s'agit de la poudre aux yeux pour brouiller les pistes. Rappelons qu'Israël n'a jamais fait état des dossiers sensibles du Mossad et des ordinateurs qui sont tombés entre les mains de la résistance palestinienne, le 7 octobre. Il s'agit là d'une manière de noyer le poisson en faisant sienne la victoire des autres. Du pur mensonge, à une échelle plus élevée. Comme on le verra plus tard, l'histoire reviendra par la bouche de Netanyahu. On aurait pu le laisser au guignol qui s'en sort à merveille dans l'art de créer des victoires là où elles ne peuvent pas exister. Ce dernier vient d'annoncer la mort d'un officier blessé.

Gallant dit : « La guerre va prendre des semaines ». Il aurait dû dire « des mois » parce que l'année 2024 qui se rapproche sera l'année de toutes les guerres et de toutes les défaites.

Netanyahu : « Je suis le seul à pouvoir le faire ». Faire quoi ? Les annonces, pardi ! Un tollé de critiques s'est abattu sur sa tête. Il poursuit : « Nous ne permettrons pas à l'Autorité palestinienne de contrôler Gaza, sous aucune forme (…) Nous allons combattre la police de Cisjordanie ». C'est le prélude d'une seconde guerre : « éliminer les derniers hommes armés de Cisjordanie, la police ». Il faut rappeler que le seul exploit du traité d'Oslo était de désarmer définitivement le Fatah. Heureusement, le Hamas ne s'est pas soumis à ses clauses. Sinon, la Palestine serait répartie en colonies comme la Cisjordanie qui est grignotée, au fil des jours, par les nouveaux colons.

Les journalistes continuent de subir les brimades et les coups de feu ciblés. Des voitures de police les suivent dans les rues et menacent de les écraser, pour leur faire peur. Les Jeeps les suivent à longueur de journée dans les rues étroites. Filles et garçons sont à leur merci. Le décompte des morts parmi les journalistes a dépassé le seuil des 80 et monte crescendo.

A Khan Younes, on assiste à une incursion, par blindés d'abord, puis des tirs du ciel pour ouvrir la voie aux fantassins. Lassés par cette guerre sans issue, les Israéliens pensent sérieusement à changer de pays. La Portugal, qui semble intéresser cette foule qui veut acheter des biens, a ouvert grandes les portes, en leur accordant les visas et les résidences où et quand ils le désirent. Lisbonne n'est pas loin de Tel-Aviv et il fait bon y vivre, avec deux sorties sur mer, au sud et à l'ouest, et la vie n'est pas très chère là-bas. Elle compensera le rêve ukrainien.

Une guerre sans issue et sans retenue

Images insoutenables de cette cuvée à Beit Lahya. Les réfugiés restent accroupis, la tête entre les mains, dans le néant ; toutes les maisons autour d'eux ont été détruites. C'est l'enfer à visage humain. Comment ont-ils osé le faire ? Est- ce dans leurs molécules cette haine sidérale qui les pousse à inventer le néant ? Dans toutes les guerres qu'a connues l'humanité il y avait un seuil à ne pas franchir, y compris dans la seconde guerre mondiale. Il n'y avait pas eu cette « invention du désert » - pour reprendre la formule de notre poète, feu Tahar Djaout- il y avait un seuil de retenue qui exigeait la préservation des sites où l'ennemi n'y était pas. Il faudrait chercher les raisons dans la nature même de l'élément humain qui constitue cet Etat fondé sur des sables mouvants. Quand un peuple donné, pétri dans le nomadisme séculier pendant des millénaires, se retrouve, du soir au lendemain, installé dans un confort citadin, il perd son contrôle et commence à croire qu'il est dans sa vraie nature, en reniant son passé, et se met détruire son voisinage ; cela s'appelle la sauvagerie. Puis quand un pays comme les Etats-Unis le couvre et lui fournit armes et argent, sans passer par l'instance législative, on a l'affirmation que la démarche n'obéit à aucune loi mais plutôt au lobbying qui organise l'élection du début jusqu'à la fin, finance la campagne électorale d'un candidat donné au lieu d'un autre, pour le garder ensuite sous ses ordres, on s'interroge sur le devenir du monde.

Ils sont donc assis au milieu de cet enfer, au milieu des cadavres jetés ici et là sur le sol ou enfouis sous les décombres où apparaissent un bras ou une jambe d'une femme ou d'un enfant, et les maisons rasées tout autour, où des avions qui voltigent dans les airs comme des vautours, lâchent leurs bombes sur leurs têtes puis se replient. Ce sont là les actes de bravoure du monde moderne.

Enfin, la Russie brise son silence : « Il faut un contrôle international sur Gaza ». Guteres a un autre avis : « Nous allons vers l'effondrement du droit international ». On y est déjà, Israël foule du pied ce droit et tout ce qui n'arrange pas ses intérêts, quitte à reproduire la Shoah au XXIème siècle. Du jamais vu, on a un combat entre deux armées, la première affronte la seconde en lui causant des pertes, pendant que la seconde tire sur des civils sous le préjudice de chercher son ennemi armé derrière ces civils, sans jamais rien donner sur ses pertes ni sur celle de l'ennemi supposé, le Hamas. Elle tue seulement les civils désarmés pendant 75 jours et l'Amérique et l'Europe qui applaudissent.

Au fil des jours, cette armée a perdu son aura, pour ressembler à Wagner, l'armée des mercenaires ; les chiffres donnés révèlent un nombre de mercenaires impressionnant qui viennent d'un peu partout. Ils sont estimés entre 20 et 50 mille mercenaires, à tuer des civils isolés ou abandonnés à leur propre sort, et soumis au « protocole Hannibal », eux aussi.

Selon Al Qassam, il y a eu 40 soldats tués, des dizaines de blessés et 44 blindés détruits pendant les dernières 48 heures. Ce qui est énorme pour une armée régulière contre une guérilla urbaine.

Dans le subconscient de cette armée, il s'agit de morts de familles et proches des combattants du Hamas. C'est dans cette logique qu'ils canardent les civils. Si une autre armée se mettait à canarder les civils de Tel-Aviv sur le même principe, quelle serait la réponse d'un Blinken, d'un Kerby ou d'un Biden ? Après le terme usité des « animaux », on est conduit à se poser la question : à quoi correspondrait le qualificatif, vus le résultat et la méthode utilisés ?

Malgré la censure, un hôpital israélien reçoit 28 blessés dont 6 dans un état grave, selon les médias locaux. Selon les sources israéliennes, 10584 blessés parmi militaires et civils touchés ont été traités et dont 131 sont morts.

81 journalistes sont morts à Gaza, depuis le début du conflit, mais les associations de journalistes et les ONG, de par le monde, sont restées coites. Dans des frappes ennemies à Dir Baleh, on a enregistré 40 martyrs et 70 autres dans la maison Hassani qui a été soufflée. Sur l'autre flanc, on annonce seulement 4 morts, entre soldats et officiers.

Le comité restreint décide de ne plus rien verser à Ramallah, c'est-à-dire le gel des salaires. Après la famine à Gaza, voilà venu le tour de l'Autorité palestinienne qui n'a pourtant pas pris les armes contre son ennemi légendaire.

Au sud Liban, le conflit se développe au fil des jours, suivi de la Syrie où des missiles sont tombés pas très loin de Damas. Au Yémen, au passage de Bab el Mendeb, un bateau à destination d'Israël est empêché de passer. Al Qassam appelle à la lutte, soutenue par des grèves. L'appel est destiné au monde arabe qui n'a pas réagi, par peur ou par prudence.

Quinze mille Palestiniens se déplacent vers le sud. Parmi les 5000 blessés, 422 seulement ont réussi à traverser le Rafah pour se faire soigner ailleurs, vues les conditions où se trouve le système de santé à Gaza ; complètement détruit par l'aviation ennemie et des médecins tués ou arrêtés pour ne plus dévoiler le trafic d'organes des enfants de Gaza qui s'est avéré être un commerce juteux.

Selon les chiffres israéliens, 4 morts, dont deux officiers. Puis, correction exige, 5 dont 3 officiers pour élever le total à 431, depuis le 7 octobre. Il s'agit là du chiffre toléré par le bureau de censure de l'armée qui veille sur le décompte publiable, afin de ne pas nuire au moral des troupes qui sont mieux informées sur les dégâts que le bureau en question.

S'agissant des contraintes opérées par les Houthis en Mer Rouge, Israël pleurniche : « 80% de nos entrées viennent des véhicules mais nos navires sont interceptés par le Yémen ». Cela voudrait dire qu'après le coût de la guerre exorbitant, Israël serait au bord de la faillite, suite à ce nouvel engrenage dans lequel elle se débat à présent.

Images déchirantes : un enfant est coincé sous la pierraille, il reste là sans bouger, attendant une main salvatrice qui viendrait le tirer avant que d'autres pierres ne lui tombent sur le crâne. Il ne bouge plus, depuis un certain moment. Un jeune avec une petite barbe, l'aperçoit, enfin voit ses doigts remuer. Il se met à pousser la grosse pierre, appelle de l'aide. L'un des secouristes le rejoint avec une barre de fer, s'y mettent tous les deux à soulever péniblement la roche pendant qu'un troisième le tire des épaules. Ils réussissent tous les trois à l'étaler sur le sol pendant que d'autres se démènent entre les corps éparpillés un peu partout. Inutile de dire que la majorité écrasante se constitue d'enfants qui attendront leurs bourreaux le jour du jugement dernier. Personne, quel que soit la force de celui qui le couvre, n'échappera au jugement. Ce n'est qu'une question de temps.

En guise d'injustice on n'est pas à une faute près mais on nage dedans. Ils sont allés jusqu'à arrêter un otage, à Ramallah, fraîchement libéré dans l'échange spectaculaire des détenus. Ramy El Djendeb est un autre cas qui apparaît sur une vidéo, tombé par terre par une balle qui l'a touché au pied ; son bourreau le rejoint et lui déverse une rafale sur le corps. Cela s'est passé en plein jour, à Toubass en Cisjordanie ; le monde entier a vu cette image et des milliers d'autres de même nature. Le directeur de Human Rights Watch dit : « Israël échappe à la justice, depuis longtemps. Mais il y a des poursuites à envisager, comme la CPI et d'autres ». Mais la meilleure justice est celle du jugement dernier, car un Nuremberg-bis n'y suffirait.

La grève en Palestine a marché mais accompagnée de dépassements de la soldatesque ennemie qui s'est adonnée aux provocations. En riposte, Tel-Aviv a essuyé une salve de missiles, tirés de Gaza. L'on parle d'éclats d'explosifs sur les véhicules, à Hublon, et quelques égratignures sur les quelques habitations. Avec ça, les propriétaires des habitations touchées ont décidé de déposer plainte contre les autorités qui n'ont pas su les protéger. Rien que ça. La police parle de simples éclats. On parle de blessures légères. On minimise à outrance la nature des dégâts. Aussitôt, on se met à déblayer et à réparer le goudron de la route détruite « par les éclats » et à évacuer les véhicules touchés, pour ne laisser aucune trace des frappes de la résistance.

La maison Matar est bombardée, à Dir Balah, et la recherche des survivants se poursuit. Pleine à craquer de femmes et d'enfants, elle a été ciblée en pleine nuit, comme pour donner l'exemple aux civils qui attendaient leur tour au lieu de fuir ailleurs, en abandonnant leur terre et l'air qu'ils hument. Dans l'obscurité, il y a comme une apocalypse où les gens marchent sur leurs morts, dans les flaques de sang, au milieu des cris de femmes et les vagissements d'enfants. Au petit matin on est surpris par un énorme cratère au milieu de la voie, comme s'il s'agissait d'une bombe atomique qu'ils auraient balancée, sans se rendre compte. Tout autour, il y a des corps inertes éparpillés ici et là et des femmes qui cherchent leurs bébés qu'elles ne trouvent pas. Biden peut se frotter les mains d'avoir réussi l'essai de ses nouvelles bombes sur les enfants de Gaza… Israël annonce la descente de parachutistes sur Khan Younes, une première depuis la guerre de 2006 où elle a reçu une raclée du Hizbollah libanais.

Comme à chaque fois, morts et blessés arrivent, jonchent la cour de l'hôpital encerclé par les soldats ennemis qui fouillent les poches et menacent par les armes et tirent à bout portant quand ils prennent peur, sous l'effet des insultes qui fusent de jeunes

Palestiniens ahuris, accablés, détruits par le poids d'une vie qui ne mérite pas d'être vécue.

Dans les accrochages, il y a eu 7 soldats ennemis tombés la veille, comme décompte d'une explosion de mines posées par la résistance, contre 70 martyrs parmi les civils.

Des enfants palestiniens, encore en vie, sont interrogés sur les jeux qu'ils préfèrent. Ils rient aux éclats et expriment leur insouciance face au danger. Une fille, qui aide sa maman à faire le ménage, rêve d'une poupée et décrie sa peur quand les bombes pleuvent, pendant la nuit, sur leurs têtes. Elle se blottit dans un coin et prie. Des petits garçons plaisantent et jouent au foot comme en temps ordinaire, en gardant les yeux rivés sur le ciel. Ils parlent comme des gens mûrs de leur avenir car rien ne semble se mettre en travers de leur chemin même si Israël raserait la terre sous leurs pieds. Ils savent que pareille nation est appelée à disparaître de la face de la terre quelle que soit la force qui la retient en vie. C'est leur conviction.

Abou Obeïda dit, sans ambages : « Il n'y aura pas d'échanges d'otages, tant que la guerre n'est pas terminée ». Chaine 12 annonce la chute de 5 missiles sur des colonies. Le Hizbollah annonce avoir touché la caserne de Branit, proche de la frontière avec le Liban. Un jeune Palestinien meurt dans une manifestation à El Khalil, par balles ennemies.

Israël passe au pire ; elle cible la maison du journaliste d'Al Jazeera, Anes Sharif, à Djabalia. Son père est tué. On le voit en train de caresser la barbe de son papa, allongé dans une position confortable comme s'il dormait. Anes essuie ses larmes et s'insurge : « Je continuerai à couvrir les crimes que commet l'ennemi, quelles que soient les menaces qui nous guettent ». Dans le cimetière où devait être enterré le père et les autres membres de la famille du journaliste, l'armée ennemie à pris position sur le site, dans une démonstration de force, comme pour narguer les présents aux funérailles.

Suite à une incursion des soldats dans des habitations, ils ont pris des femmes et enfants, les ont chargés dans des camions et les ont amenés dans une région isolée et les ont abandonnés dans le froid, pieds et poings liés. Ces êtres ne sont jamais revenus chez eux. Il n'y aura nulle trace sur leur passage à trépas.

La guerre commence à prendre en d'autres endroits. La résistance irakienne annonce avoir frappé une base américaine, à Chadi, au sud de l'Irak. Au sud Liban, le Hizbollah fait état d'une opération contre un groupe de soldats ennemis et de mort de « beaucoup de soldats ». Le bilan de la journée s'est soldé à 208 martyrs et 110 morts parmi les soldats, un nombre impressionnant que l'ennemi ne reconnaîtra jamais. Benny Ganetz s'offusque : « Les attaques du Hizbollah sont soutenues par l'Iran qui exigent sa suppression ». Comme quelque fou à lier qui voudrait combattre un éléphant. Même l'Amérique n'y oserait pas. Après la tannée d'Afghanistan, tout le monde a compris que les USA ont perdu le monopole de la force. Ils ne peuvent plus faire le gendarme sur terre. La bataille de Gaza constitue le dernier test sur son devenir. La « civilisation » obéit au système cyclique, comme l'avait prédit Abderahmane Ibn Khaldun depuis cinq siècles. En réalité, l'Amérique n'a eu qu'un demi-siècle de domination, par des intrigues, en participant tardivement à la seconde guerre mais en faisant main basse sur les restes des Nazis, en prenant les mêmes méthodes d'oppression au Vietnam, au Cambodge, en Irak ou en Amérique latine.

Les événements se poursuivent au même rythme, sans atteindre les objectifs tant revendiqués par les sionistes, à savoir l'élimination du Hamas, en éradiquant un peuple, sans aucune retenue. Mais le conflit se propage ; les Houthis détournent un bateau destiné à Israël en Mer Rouge. L'Afghanistan serait disposé à envoyer une brigade aguerrie pour combattre aux côtés des opprimés de Gaza. Le Hizbollah annonce avoir fait un nombre de morts dans les rangs ennemis à Chtoula.

En Cisjordanie, les arrestations se poursuivent ; 30 jeunes manifestant leur soutien à Gaza sont arrêtés. Israël parachute des armes par hélicoptères aux soldats à Khan Younes où les combats s'intensifient au fil des jours. Cette place imprenable semble représenter le cœur vaillant de la résistance qui ne lâche pas prise malgré la quantité de bombes, d'obus et de tirs d'artillerie lourde.

Borel, le porte-parole de l'UE : « Nous travaillons pour infliger des sanctions à Israël pour ses dépassements en Cisjordanie ». L'Italie, France, Allemagne travaillent pour imposer des sanctions au Hamas. L'idée est hilarante dans le sens où cela devient une mauvaise habitude en Occident d'accuser ceux qui les gênent de malfaiteurs. Mais où cachent-ils leur argent ? Chez eux bien sûr. Et quand ils deviennent gênants ils usent de toutes les astuces pour les discréditer devant leurs soutiens. Mais la résistance palestinienne n'est pas pétrie de la même glaise.

A Khan Younes, les funérailles du père du journaliste sont empêchées par la soldatesque, qui a comme seule qualité celle de réprimer des civils, avec beaucoup de suffisance, mais qui perd le nord dès qu'elle se trouve face à des résistants. Pareille scène se déroule dans un hôpital tout proche où ils ont interdit aux gens d'enterrer leurs morts.

Gallant salue le droit de veto américain et rabâche les mêmes formules, à en mourir : « Nous menons la guerre pour libérer les détenus et exterminer le Hamas (…) Je remercie Biden qui nous a beaucoup aidés ». Il va de soi, Israël n'aurait pas tenu un seul jour sans les armes et les mercenaires recrutés et payés par les Américains. Cette attitude fera des Américains les premiers ennemis chez les Arabes et Musulmans, pendant des générations.

Le vieux soldat dit que « la guerre va durer » et annonce le « rappel des réservistes ». Dix jours plus tard, il dira qu'il va libérer des milliers de réservistes. Netanyahu dit autre chose : « Nous allons gérer nous-mêmes Gaza », comme s'il avait déjà gagné la guerre. Ces deux mecs, qui se contredisent souvent, sont d'accord lorsqu'ils évoquent le néant. Et à Gallant de conclure : « Elle se terminera quand l'objectif sera atteint ». Qui dit mieux ? S'agissant des armes interdites utilisées contre les civils, il répond : « Nous utilisons ce qui est toléré », par Biden semble-t-il.

Borel : « Ce qui se fait à Gaza est un déni au droit international (…) les gens de Gaza n'ont pas où aller. Leur situation est inhumaine ». Après 65 jours de frappes ininterrompues contre les civils et une trêve tronquée, les USA disent : « Nous travaillons avec nos partenaires pour arriver à une trêve ». Le responsable du Pentagone : « Nos forces ont subi 92 attaques en Irak et en Syrie du 17 octobre au 11 décembre ». Ainsi le conflit régional où les USA seraient la première victime est en train de s'installer pour une longue durée.

A Djabalia, cette forteresse imprenable, on assiste au jeu du chat et la souris mais avec des armes réelles. Les ennemis sortent chaque jour une idée saugrenue, comme inonder les sous-sols de Gaza d'eau de mer, de percer les tunnels au-dessus de la tête de Sinouar ou libérer les otages en les canardant comme indiqué dans le « protocole Hannibal ».

Entre temps, arrivent à l'hôpital Soroka 27 blessés israéliens, dont 5 se trouvent dans une situation grave. La Santé de Gaza dit : « Nous craignons les maladies contagieuses en raison des morts et blessés trop longtemps abandonnés et la concentration de milliers de réfugiés » dans des endroits aussi retreints.

La soldatesque ennemie n'arrive toujours pas à encercler Djabalia ni à percer ses secrets. Elle ne fait que bombarder les habitations avec de nouvelles bombes très puissantes qui laissent des cratères gigantesques à la place des bâtiments ciblés, au point où des responsables de l'UE ont osé appeler à « l'arrêt du carnage de Gaza ». Pendant que les USA commencent à avoir peur de l'utilisation des bombes au phosphore blanc qui laissent des traces sur les victimes et qui seront regroupés dans les dossiers qui seront exposés le jour « J » dans le procès des criminels de Tel-Aviv et de leurs complices de Washington. Le MAE américain dit sans rougir : « Nous nous attendons à ce que les armes que nous remettons aux peuples ne soient pas utilisées à d'autres desseins ». Mais le MAE israélien confirme : « Il y a autorisation d'utilisation du phosphore blanc ». Le Pentagone s'en lave les mains : « On n'est pas sûrs que le phosphore utilisé serait américain ».

Al Jazeera demande des explications sur la tuerie de la famille d'un de ses journalistes. Mieux, elle annonce entamer des poursuites judiciaires contre l'Etat sioniste car il ne s'agit plus d'un cas isolé ; un autre journaliste a déjà perdu femme et enfants dans une attaque ciblée.

Borel : « Les destructions à Gaza dépassent ce qui a été détruit dans les villes allemandes pendant la seconde guerre mondiale ». Le MAE iranien à son homologue chinois : « La guerre de Gaza va s'étendre à d'autres régions mais ils ne font rien pour l'arrêter ».

L'OMS proteste : « Nos cadres et ceux du Croissant rouge à l'hôpital Ahali ont été arrêtés à deux reprises et une fois dans un point de contrôle ». Les Houthis renvoient un navire destiné à Israël, en Mer Rouge. Cette dernière se plaint des pertes financières après l'interdiction du passage des bateaux par Bab El Mendeb. Le Hizbollah fait état d'attaques sur les colonies qui ont fait de bons résultats : morts et blessés dans les rangs ennemis. Israël évoque le chiffre de 20 soldats tués par des tirs amis. Biden lance un avertissement : « L'opinion peut se retourner contre nous d'un moment à l'autre ». Les arrestations injustifiées se poursuivent à Ramallah où les accords d'Oslo ont désarmé les Palestiniens et mis l'arsenal américain entre les mains de sionistes enragés. Après l'arrestation, de 40 personnes et le retrait des troupes de Ramallah, les routes sont restées fermées.

La chaine 12 parle d'actions de libérer les otages mais on ne sait comment, sauf s'il s'agit de les tuer, selon les ordres en vigueur.

Les Houthis ont décidé de renvoyer tous les bateaux qui passent par la Mer Rouge, sauf ceux qui apportent des aides au Palestiniens de Gaza. Mais le Yémen officiel est aux anges depuis que les USA lui ont proposé de participer à l'alliance qui va s'employer à sécuriser la Mer Rouge.

Le pétrolier Satrindan, battant pavillon norvégien et se dirigeant vers Israël, est sommé de débrousser chemin mais en vain. Les Houthis disent l'avoir ciblé de missiles qui ne l'ont pas touché, « parce qu'il a refusé d'obtempérer ». Un hélicoptère le poursuit, y fait descendre des parachutistes à bord qui s'adonnent à une fouille de l'équipage et des cales. Il s'agit du premier incident en Mer Rouge depuis le début du conflit à Gaza. Les Houthis maintiennent leur position déjà exprimée : « Pas de passage de bateaux tant que les aides n'arrivent pas aux Palestiniens de Gaza ». Le rappel touche à présent toute navigation en Mer Rouge quelle que soit la destination.

A Djabel Aala, une caserne sioniste est ciblée par le Hizbollah. Saraya El Qods font état d'accrochages dès le matin avec les forces ennemis à Khan Younes.

L'OMS proteste : « Nos agents ont été arrêtés à deux reprises et subi des interrogatoires poussés ». La Santé palestinienne indique qu'après Chifa et Indonésie, l'hôpital Nedjar est ciblé. Médecins sans frontières protestent à leur tour : « Les informations qui nous parviennent des hôpitaux de Gaza sont catastrophiques ».

Les images montrent des enfants en train de chercher leurs cahiers d'écoliers dans les détritus, en s'offusquant, en chantonnant parfois quand apparaissent des pages déchirées sous les décombres, les retirent comme s'il s'agissait de documents anciens qu'ils auraient dénichés, découverts pour la première fois.

Au 67ème jour de conflit, la Santé palestinienne fait le constat combien douloureux : « Notre sang est devenu peu cher pour les Arabes et les Musulmans. Nos enfants arrivent par centaines tous les jours et meurent par manque de soins et de nourriture. Pendant que les maladies contagieuses se propagent ». Elle appelle les ONG et les institutions « A agir pour sauver les civils exposés au danger, encerclés et interdits de bouger », en attendant d'être déplacés le plus loin possible de leurs terres.

Au Rafah, on interdit aux malades et blessés de sortir de l'hôpital, sous la menace des armes. A l'hôpital Aoudia, au nord, le spectacle est le même, il obéit aux mêmes directives. Vingt morts sont arrivés ce matin. Sur l'autre flanc, l'ennemi compte 20 morts, tués par des balles amies. L'annonce est suivie par la mort d'un officier qui a succombé à ses blessures.

Gallant dit : « Cette guerre va durer des semaines ». Il aurait pu dire : des mois car l'année 2024 qui s'approche sera l'année de toutes les défaites. Netanyahu : « Nous ne permettrons pas à l'Autorité palestinienne le contrôle de Gaza (…) Nous allons combattre la police de Cisjordanie ». Il s'agit d'une déclaration de guerre contre ceux qui ont signé les accords d'Oslo qui les a désarmés, sans pour autant contraindre l'autre partie à s'y soumettre ; ils disent à présent que ses accords n'ont jamais été observés.

Les journalistes sont eux aussi mis sous pression. Ils sont suivis en permanence par des Jeeps qui menacent de les écraser, pendant que le nombre de morts grimpe, sans que les associations et ONG ne dénoncent cette Apartheid en plein jour.

Les frappes d'une atrocité redoublée se poursuivent au Rafah. A Khan Younes, on assiste à une tentative d'incursion, par blindés et tirs aériens interposés pour ouvrir la voie aux fantassins. Des accrochages intensifs s'ensuivent…Un peu plus tard, les brigades Al Qassam font état de trois blindés détruits et de morts de soldats ennemis.

Le MAE palestinien qualifie les événements en cours de « génocide ». Israël réplique : « Nous ne tolérerons pas le passage des aides à Gaza ». Voilà qui est servi sur un plateau d'argent : le génocide a aussi son prix. Enfin le chiffre est donné : 11 soldats sont morts par tirs de missiles, à Khan Younes qui est devenue, au fil des jours, la forteresse imprenable. « Nous avons frappé autant les renforts qui sont arrivés pour les secourir », disent-ils. Bilan : 38 soldats et un officier touché en 24 heures, dont des blessés qui sont filmés pendant leur évacuation vers des hôpitaux chics de Tel-Aviv et sa périphérie. Vingt parmi eux ont succombé à leurs blessures.

Selon une enquête réalisée par Libération, il n'y a pas eu mort d'enfants, le 7 octobre. Mais Biden continue d'errer dans le mensonge ou plutôt dans la haine de l'autre, en disant : « Les frappes de civils par Hamas diffèrent des frappes d'Israël ». Kerby : « Nous faisons la pression pour épargner les civils ». Netanyahu précise sa stratégie : « Nous allons engager la guerre contre l'Autorité palestinienne ». Hamas constate : « Cela prouve ses intentions d'éradiquer tout le peuple, sans aucune distinction ».

En France se tient un sommet, sans les Arabes, pour stopper le financement du Hamas. Au sud Liban on a enregistré mort de civils par tirs israéliens nourris. Le Hizbollah réplique : « Nous avons frappé des troupes de soldats et fait morts et blessés ». Selon un responsable israélien : « Il n'y a pas de négociation diplomatique avec le Hizbollah ». A Djenine, des blindés arrivent en renfort, question de prouver que la guerre a bel et bien commencé contre l'Autorité ou Ramallah, de préférence. A Khan Younes, deux puits sont détruits par les bulldozers ennemis. Les affrontements se multiplient avec des civils au nord d'El Khalil, et contre la résistance à Naciria, à Djenine. Des tirs de missiles à Djabalia, on fait état de 10 soldats touchés, entre morts et blessés, à Cheikh Redouane, et 20 autres morts, touchés par balles amies, dit un communiqué rendu public par les Israéliens, par tirs d'hélicoptère, selon toute vraisemblance. Deux civils sont blessés à Ramallah… Biden invite les familles des otages américains à la Maison Blanche.

Le front des contre-vérités

Israël : « Nous travaillons pour créer une alliance internationale contre les Houthis, en Mer Rouge ». Comme d'habitude, ils généralisent le conflit pour mieux se protéger. Les Américains prétendent discuter en tête-à-tête avec le Hamas, le sujet des otages. Libération met en échec tous les mensonges colportés par l'USA et sa protégée, depuis le début du conflit. 38 soldats ennemis blessés sont évacués. S'ensuit une forte explosion à Djenine. Une gigantesque fumée noire monte vers le ciel.

Al Qassam affirme avoir causé la mort de 15 soldats ennemis dans la dernière attaque. Le porte-parole des Houthis révèle que le pétrolier touché venait de l'Arabie Saoudite vers Israël et menace tout autre bateau qui traverserait la mer Rouge vers le territoire sioniste, tant que les aides ne sont pas parvenues aux habitants de Gaza, maintenus sous blocus depuis plus des deux mois.

Israël dit avoir découvert deux otages morts à Gaza. Elle révèle l'envoi d'un navire de guerre en Mer Rouge. L'Unrwa annonce la destruction de son bureau à Beit Hanoune. Borel : « La paix d'Israël ne se fera pas avec les armes ».

Oussama Hamdane, porte-parole du Hamas : « L'armée nazie, soutenue par les USA et la Grande Bretagne, poursuit le désastre dans tous les domaines vitaux (il montre l'image d'un soldat détruisant un magasin où est collée une pancarte avec ces mots : « Gaza Holocauste »). Le monde devrait se laver les mains de ces monstres (...) Aucune détenu ne sortira vivant. Il n'y aura plus aucune négociation (…) L'UE doit revoir sa copie si elle a un zeste de bonne conscience (…) Netanyahu sera jugé ».

Biden : « Netanyahu doit changer son staff qui commence à perdre les soutiens à cause des frappes sauvages (contre les civils ». Cela supposerait-il, du point de vue du patron de la Maison Blanche, que Netanyaha n'a pas les mains tachées de sang des enfants tués sans aucune raison et de leurs organes vitaux volés ?

Netanyahu est insulté et humilié par les familles des détenus qui ont compris qu'il se soucie peu du retour des leurs, en répétant à l'envi sa détermination à les libérer par les armes, en les tuant dès qu'ils sont repérés, sur la base des directives Hannibal. Comme il demande aux policiers de diriger leurs armes « contre l'ennemi ». Ils détiennent 80 mille armes, un arsenal de guerre important, auquel on doit ajouter les armes détenues par les colons, principalement en Cisjordanie où ils commettent des crimes sans scrupules et a ceux qui ne le sont pas encore.

Biden va plus loin : « La sécurité du peuple juif est compromise ». Trois pays du Commonwealth, à savoir Canada, Australie et Nouvelle Zélande, publient un communiqué qui dit en substance : « Le calvaire des civils ne peut être en aucun cas le prix à payer pour détruire Hamas (…) nous sommes contre toute tentative d'occupation de Gaza ». Biden va plus loin : « Israël a perdu notre soutien ». Tout le monde sait qu'il s'agit d'un mensonge. La guerre que mènent les Américains par procuration contre un pays arabe, mis sous embargo pendant des décennies, entre dans la stratégie US de contrôle de la partie du monde la plus riche en gaz et en pétrole. Biden l'a dit bêtement quand il a évoqué « la nouvelle route de la soie », c'est-à-dire les gazoducs qui viennent de l'Océan Indien, en passant par l'Arabie Saoudite (acquise), qui contournent le Canal de Suez, jusqu'en Méditerranée, en passant par Gaza (non acquise) où des puits de gaz ont été découverts.

Et la guerre se poursuit ; Al Qassam annonce la mort de 15 soldats ennemis ; Saraya El Qods : « Nous continuons de frapper les villes sionistes avec des missiles Hawn. Nos combattants se sont accrochés avec l'ennemi et ont blessé des centaines de soldats ennemis ». On voulait certainement dire « dizaines ». Le porte-parole de Saraya Elqods explique : « Le guerre d'aujourd'hui révèle un ancien contentieux avec le peuple palestinien (…) il n'y a dans tout cela que la victoire qui compte mais le prix sera coûteux (…) les détenus seront tués ou libérés par un arrêt définitif du conflit. Quant à Netanyahu, son sort est scellé, il est déjà condamné par l'Histoire ». New York Times dévoile que le conflit Biden-Netanyahu a éclaté au grand jour.

La Cisjordanie s'enflamme ou plutôt l'ennemi y a jeté la flamme, en foulant du pied les Accords d'Oslo qu'il n'avait, en réalité, jamais respectés. Des explosions ont retenti à Djenine suivies d'une incursion.

Le guignol fait état de deux corps de soldats, en sus ceux des détenus tués par balles amies. Il chiffre à 135 le nombre de détenus chez Hamas et poursuit dans les mêmes diatribes, insistant toujours sur leur libération par les armes.

La dernière boulangerie encore en vie vient d'être détruite à Djabalia. Fini le calvaire des chaînes interminables devant la boulangerie qui a eu la vie longue. Désormais, les habitants de Gaza doivent pétrir leur pain de leurs propres mains s'ils trouvent une poignée de farine om s'ils ont une réserve de blé, cachée quelque part.

Saraya El Qods fait état de 21 soldats ennemis tués pendant les 24 dernières heures. « Nous les avons frappés dans une attaque surprise », disent-ils avec images à l'appui. Israël reconnaît le chiffre dont la mort d'un officier supérieur. A Dir Baleh, on compte 40 martyrs dont 10 enfants qui sont amenés à l'hôpital. A Feloudja, un cimetière est détruit par les bulldozers ennemis. A Djenine, 7 blindés sont détruits et 4 corps de soldats calcinés, par tirs de missiles. Selon le Jérusalem-Post, la gauche demande à Biden de faire cesser le combat à Gaza. Le guignol estime que le « cessez-le-feu arrangerait Hamas.

Les tirs de missiles se poursuivent sur les colonies israéliennes proches du sud Liban. A Choudjaïa, 8 officiers israéliens sont tués, et les combats de poursuivent. A ce moment même le chiffre de journalistes tués par l'armée israélienne a atteint les 87 morts, sans soulever l'indignation des médias dans monde qui, de manière générale, font un tollé quand la confrérie est touchée. L'école de l'Unrwa est touchée par ses frappes ennemies. On compte plusieurs morts, dont 7 enfants. Du camp de Djabalia, des corps sont portés sur une charrette, sous la pluie, vers leur dernière destination. A Khan Younes, 7 maisons sont détruites.

CNN : « Les USA justifient toujours les frappes israéliennes contre les civils de Gaza où 3000 bombes remises à Israël ont explosé, sans passer par le Congres ».

Dans un accrochage à Djenine, entre les brigades Al Qassam et patrouilles ennemies, on compte 4 soldats ennemis tués et des ambulances empêchées de passer pour évacuer morts et malades tombés sous les bombardements aériens. Quatre mille maisons de Palestiniens ont été fouillées et des arrestations de civils opérées par la soldatesque ennemie. L'on assiste, désormais, aux tirs à balles réelles, en plein jour sur des journalistes armés de caméras, de stylos et de microphones pour rapporter les faits de cette guerre sauvage qui n'obéit à aucune règle. Au même endroit, à Djenine, 7 chars et deux engins sont détruits par la résistance.

Israël annonce la mort de 13 soldats et 7 officiers à Choudjaïa. Hamas commente : « Quand Israël dit : 10 soldats sont morts dont la majorité sont des officiers, c'est qu'elle n'accorde aucun respect à ses hommes ».

Le chef de l'opposition, Yaïr Lapid, dit : Netanyahu n'a pas le droit de gouverner le pays (…) il a créé un abîme de haine, pendant que les soldats meurent ».

Le maire de Sederot, dans une correspondance au ministère de la défense considère qu' « il n'y plus de sécurité ». Cette partie du cercle de Gaza a subi une pluie de missiles, depuis le début du conflit, au point où ceux qui y sont restés nichent dans les abris sous terre jusqu'à l'accalmie.

Le Djihad Islamy estime « avoir secoué Américains et Israéliens à la fois ». Sur les images de démonstration de force, les soldats ennemis tirent sur des murs en gaspillant des balles payées par les USA.

Le prolongement de la guerre se chiffrera par des pertes encore plus coûteuses. Jusqu'ici, Israël a déversé 20 mille bombes sur les habitations de Gaza, dans la mission d'éradication d'un peuple. Cette formule est en train de se répéter au sud Liban, par bombes et obus interposées, et vient de commencer en Syrie, en attendant la suite avec l'Egypte et la Jordanie, deux pays qui ont normalisé leurs relations avec le virus dans le corps arabe depuis longtemps. Comme celui qui s'administre un vaccin mortel, sans trop savoir les effets pourtant visibles dans les contre-indications.

Enfin, le Pape qui s'était abstenu de tout commentaire, pendant toute cette période qui a causé la mort de plus de 20 personnes désarmées, vient d'appeler au cessez-le-feu. Un conseiller américain en communication considère qu'Israël « a perdu la guerre médiatique ». Le chef du bureau politique du Hamas, Ismail Hanya exclut tout dialogue avec l'ennemi et rejette « tout projet qui se fera sans le Hamas ».

En Mer Rouge, un pétrolier est visé par les Houthis qui poursuivent la chasse aux navires battant pavillon israélien ou allant vers Israël, tant que la guerre de Gaza n'est pas finie.

Les images qui parviennent de Khan Younes sont révoltantes. Plus de 50 victimes sont tombées sous les bombes aveugles qui laissent des bâtiments éventrés et des corps d'enfants éparpillés sur le sol ou sous les décombres.

Gallant : « La brigade 13 a perdu beaucoup de ses hommes ». Il s'imaginait une victoire facile, comme les précédentes où les Arabes levaient les bras après moins d'une semaine de combats. Mais comme pour se donner du courage, il poursuit : « Nous sommes dans la bonne voie ». S'il s'agit de celle qui vous fera classer dans les rangs des Nazis, c'est acquis, vous y êtes déjà.

Chaine 13 : « Le conflit entre chefs de guerre israéliens va les obliger à aller aux négociations. Ils attendent juste le signal du Hamas ». A l'hôpital Soroca, 49 officiers et soldats sont arrivés, morts ou blessés, faire grossir la liste des pertes ennemies, fort ascendantes, depuis qu'Al Qassam a pris l'initiative de les surprendre là où ils ne l'attendent pas. Le chef de bataillon, à qui on vient d'infliger un coup terrible, reconnaît « le coup douloureux » qu'il vient de recevoir, en pleurant « des amis très chers ».

Des blogueurs jordaniens ont réussi à pirater le site de l'armée ennemie ; ils ont eu accès à toutes les données et ont lancé des messages hostiles sur le site, écrit en hébreux, reconnaissant la défaite dans cette guerre destructrice à outrance des biens d'autrui. La

CIA reconnaît dans une analyse de la situation qu'« Israël a utilisé des bombes stupides ».

La visite, tant claironnée, du conseiller de sécurité nationale américain, Jack Sullivan, à Djeddah a eu enfin lieu. Il s'agit d'un gamin qui prend des airs d'adulte, chevronné en politique, que les Israéliens craignent comme la foudre. Il a parlé avec Mohamed Ibn Selmane, de normalisation, de guerre et de paix. Puis, il s'est rendu à Israël d'où il est reparti avec les idées de Netanyahu qui a pris l'habitude de « manipuler les Américains » à sa guise, comme il le disait pour se vanter devant son groupe d'experts qui ne savent plus à quel saint se vouer.

Ordogan s'adresse à Biden : « L'arrêt du conflit de façon définitive est une responsabilité qui revient aux USA ». C'est du moins assez clair : vous êtes la partie prenante essentielle dans cette guerre, alors à vous de jouer, avant que les choses ne se gâtent pour vous et pour vos soutiens, les lobbies qui s'adonnent aux jeux de massacres de peuples dans leurs laboratoires odieux, tout en sachant qu'il y a des exécutants, comme Biden et consorts, qui vont les appliquer à la lettre.

L'opposition irakienne frappe une base américaine en Irak. Le Pentagone : « Nous avons enregistré des missiles envoyés du Yémen sur des navires en Mer Rouge ». Un bateau réquisitionné par les Houthis est conduit vers une base au Yemen.

Selon Al Qassam, 72 blindés ont été détruits et 6 soldats tués, dans des accrochages avec l'ennemi à Hay Zeitoun. Le directeur de l'hôpital Khalil annonce qu'il est mis hors service depuis que l'ennemi ait tout détruit comme moyens indispensables pour sa survie.

Netanyahu dit avoir eu une communication avec Ben Selmane où il lui aurait dit que la guerre allait se poursuivre. Comme ils ont discuté des Houthis et du Hezbollah. Oussama Hamdane annonce : « Il ne reste devant Netanyahu que l'annonce de la défaite (…) Ils ont reçu une raclée. Il n'y aura aucune négociation, ni échanges d'otages, seulement après l'arrêt définitif des combats ». Biden veut l'arrêt des hostilités dans trois semaines tout au plus. Kerby : « Nous ne sommes pas partants pour un arrêt définitif des combats mais pour des trêves humanitaires ». Sullivan demande aux Israéliens d'être plus précis sur leur combat contre Hamas. Voilà qui est moins précis.

Des images humiliantes, filmées par la soldatesque ennemie, montrent des hommes nus, les mains ligotées et les yeux bandés, dans un camion et mis en joue par des soldats. Ces hommes ont disparu dans la nature, sans donner signe de vie. Mais les images qui montrent la vraie nature de l'Etat sioniste, qui a dépassé de loin l'Etat nazi, ont fait le tour du monde.

Un enfant est allé se faire servir des haricots. En revenant, il découvre que sa gamelle est vide. Un vieux qui l'a vu consterné lui offre un peu de soupe et un bout de pain. L'enfant lève les yeux et voit qu'il y a un autre enfant qui le regarde, les yeux grands ouverts. Il lui fait signe et lui offre gamelle et bout de pain. Voilà l'union sacrée entre Palestiniens face au malheur.

Guteres ; « Vue la situation, il est impossible de parler d'actions humanitaires à Gaza ». Sullivan invite ses alliés à « moins d'atrocité » envers les civils. CNN commente : « La visite de Sullivan prouve que les avertissements de Kerby n'ont donné aucun résultat ». Cette chaine fait état de divergences insoutenables entre Biden et Netanyahu - sur la forme et non point sur le fond. Biden veut l'arrêt des combats mais comprend les poursuites contre Hamas. Seule la CIA et ses éléments peuvent savoir si Israël va respecter la trêve ou pas, si trêve il y a. Un responsable américain estime que « Israël n'a aucune vision stratégique (…) la responsabilité des USA dans cette guerre est désormais admise ».

L'armée israélienne sort de Djenine tête baissée. Elle coupe, dans la foulée, Internet pour ne pas permettre la diffusion d'images de sa défaite. Dans une enquête réalisée par Libération, il est question de carnage de filles et de garçons palestiniens brûlés vifs et pendus.

Haaretz dévoile, de son côté, comment les hélicoptères israéliens ont tiré sur les foules, le 7 octobre et fait beaucoup de morts parmi les civils. Comme elle rapporte comment les détenus ont reconnu leur bon traitement par le Hamas pendant la période de leur détention.

L'armée israélienne parle de 500 incursions par jour, sans préciser s'il s'agit d'incursions terrestres ou aériennes. Elle reconnaît la mort de 7 soldats à Djenine et l'incursion dans une mosquée.

Abou Obeïda parle de 36 soldats ennemis tués et de 72 blindés détruits, de frappes contre le QG ennemi et une pluie de missiles sur Israël. Le guignol fait état d'un officier tué et de 500 bombardements aériens en une semaine. Au sud de Gaza, un officier et 12 soldats sont morts grillés dans des blindés. Côté officiel israélien, il y a 2 officiers et 12 soldats tués. Saraya El Qods font état de deux chars détruits à Cheikh Redouane, au centre de Gaza.

Sullivan justifie la guerre d'extermination de Gaza. Il a tenu un autre propos à Ryad, rappelle-t-on. Selon sa praxis, quand Hamas se cache derrière des civils cela crée une guerre d'un genre nouveau. Les Houthis représentent une menace pour la navigation en Mer Rouge. Il appelle à une alliance occidentale contre les Houthis. Austin restera à Manama pour trouver une riposte. Il ne manquera de rien là où il est.

Des billets sont envoyés des hélicoptères à Kafar Chouba, au sud Liban, appelant les Libanais à se méfier du danger que représenterait le Hizbollah dans la région.

A Khan Younes, on compte 12 martyrs dans une école de réfugiés de l'Unrwa, 15 autres dans des bombardements intensifs à Rafah, au sud, des tirs de blindés sur des habitations et des fermes. La majorité des victimes est constituée de femmes et d'enfants. Beaucoup d'autres sont toujours sous les décombres. A Hay Toufah et Choudjaïa, à l'est, on compte également beaucoup de morts et de maisons détruites. Pareil décor au nord à Djabalia où les morts tués par bombes fumigènes ne se comptent plus. Le ministre israélien des biens appuie et hurle : « Il faut occuper

Gaza entièrement ». Le chef du Mossad : « Il faut poursuivre les frappes ». Abou Obeïda parle de 72 chars détruits et d'armes récupérées chez l'ennemi, avec images à l'appui. Ahranot estime que les chiffres sont beaucoup plus élevés par rapport à ce qui a été balancé.

Les Houthis ont incendié un bateau allemand portant pavillon libérien, sans faire de victimes et reconduit un autre suisse hors de la Mer Rouge. Ainsi ils mettent en application le défi d'empêcher tout bateau, destiné vers ou venant d'Israël, de passer par Bab el Mendeb.

Sullivan considère que la guerre va entrer dans « une phase nouvelle ». Dès lors, on assiste à une montée en puissance des frappes aériennes ennemies sauvages à Naplouse, en Cisjordanie, ou sur une école à Khan Younes, à Gaza. Israël ne fait plus de distinction entre la Palestine rebelle et l'autre qui se conforme aux accords d'Oslo dont l'occupant ne tient pas compte.

Un pilote de char est tué ce matin au sud de Gaza. En revanche, l'armée de l'occupation fait des morts et blessés dans des frappes violentes au Rafah. Saraya El Qods annoncent des ripostes sur des soldats ennemis, au nord-est, par une pluie de missiles. Les 33 morts et blessés, parmi les soldats de l'occupation, sont amenés par hélicoptères aux hôpitaux. Un accrochage a lieu également à l'est de Rafah. Ils ont fait au moins deux morts. Des maisons sont confisquées par les colons, qui jouent leur quitte ou double à Ramallah, une ville calme qui sera entraînée malgré elle dans le conflit.

Puis l'on arrive au pire lorsque deux journalistes d'Al Jazeera sont ciblés à Khan Younes. Il s'agit de Wael Dahdouh dont la femme, enfants et membres de la famille ont été déjà tués et le photographe Samer Abou Deka. Ce dernier a été empêché de passer pour se faire soigner dans un centre de santé ou un quelconque hôpital détruit. Victime d'une hémorragie interne, il a passé tout l'après-midi, à saigner, dans l'école Ferhana de l'Unrwa. Dans cette école effondrée par des bombes, encerclée par la soldatesque et les routes bloquées, Samer a passé 5 heures et demie à saigner, jusqu'à ce que mort s'ensuive. Dahdouh a eu des blessures au bras et au bas ventre et a continué de travailler avec son bandeau sur le bras. Ce jour-là Israël a prouvé qu'elle faisait des crimes de guerre sa gamme de marque. Désormais, plus aucune couverture politique ou autre ne lui permettra d'échapper à un procès, un second Nuremberg en bonne et due forme, qui la rangera dans la case des néo-nazis, devant l'Histoire.

Par ailleurs, cette scène prouve que la défaite d'Israël est proche, dans le sens où elle ne mène plus une guerre, dans le sens plein du terme, contre un ennemi donné mais joue à l'extermination d'un peuple, au vu et au su du monde entier. Lorsqu'on cède à la panique on entre dans le cercle infernal de la douloureuse défaite toute proche, comme le confirmera la suite des événements. L'union Internationale des journalistes se dit « consternée » par ce qui vient de se produire. Le gouvernement palestinien : « La ciblage d'Al Jazeera est prémédité ». Le nombre de journalistes tués depuis le début du conflit est monté au chiffre jamais égalé de 89, depuis le 7 octobre, et 8 arrestations.

Dans la même journée, on annonce la mort de deux officiers et un soldat. Trois pays appellent à freiner les colons qui commettent des crimes, à visage découvert, parmi les civils sans défense pour les chasser de leurs maisons. NBC rapporte le propos d'un responsable américain qui dit : « Nous avons demandé la protection des hôpitaux, même ceux où se cacherait le Hamas ». C'est du Netanyahu pur.

Un missile envoyé de Syrie tombe « en zone ouverte », selon la formulation israélienne. Des bombardements israéliens se poursuivent à Rafah et Khan Younes. La résistance réagit et laisse des morts sur le tapis, à Hadjr Eddik.

A Khan Younes, le spectacle macabre se poursuit : les corps sont jetés partout, parfois déchiquetés. Une femme pleure sa fille et son fils de moins de trois ans. Les corps de blanc vêtus sont alignés pour la dernière prière avant de rejoindre leur foyer éternel. Al Qassam s'acharne sur les juifs qui sont venus faire leurs lamentations par tirs de missiles, les faisant courir dans tous les sens, affolés par les explosions. A Djohr Eddik, la résistance surprend une section qui s'est retranchée dans une maison et fait morts et blessés.

Les Houthis du Yémen annoncent avoir lancé des missiles sur deux bateaux à destination vers Israël et les a contraints à rebrousser chemin. Le bateau Plustim est touché par un missile. Les USA demandent à l'Iran de faire pression sur les Houthis afin de faire cesser cette « piraterie ».

A Naplouse, les soldats israéliens font sauter une maison appartenant à un ancien militant palestinien par des explosifs, en guise de punition généralisée et arrêté 7 personnes. A El Khalil, ils ont pris la voiture d'un ancien résistant et tout cassé à l'intérieur de sa maison, avant de la faire sauter à l'explosif. En guise de réponse, la résistance dirige 6 missiles sur Jérusalem.

Al Jazeera accuse : « Nous faisons porter la responsabilité à Israël de la mort de nos journalistes et des conséquences sur leurs familles ».

Le conflit boucle ses 70 jours. Abou Obeïda fait le point : « Nos résistants luttent contre les armes américaines, combattent avec courage, détruisent, brûlent leurs soldats. Israël tire sur les seuls civils (…) pendant les derniers jours, nous avons détruit plus de 100 blindés, un nombre de véhicules et tué et blessé beaucoup de soldats. Face à leur hystérie, ils tirent sur tout ce qui bouge ». Le constat : « Nous avons en face de nous une armée de mercenaires très fragiles qui fuient dès qu'ils sont attaqués frontalement, comme des enfants (…) les chiffres qu'ils donnent sont faux, ils sont des dizaines de fois plus élevés ».

Le guignol fait état de 3 otages tués par tirs amis. « Ils ont essayé de fuir, nous les avons pris pour des ennemis », explique-t-il. Il ne s'agit pas d'une première. La confusion ou la liquidation de leurs propres soldats est appliquée à la lettre, selon les « protocoles Hannibal ». Netanyahu dit qu'Israël est en deuil. Photos à l'appui, ils pleurent les trois victimes.

Les manifestations reprennent dans le monde arabe, avec des slogans nouveaux, comme « démantèlement de l'armée de mercenaires » ou « chiffres faux ». Libermann, l'ancien PM sioniste, voit « l'instabilité durable dans la région, avec des guerres envisageables avec l'Egypte et même la Jordanie ». Blinken se lamente sur la mort du journaliste Samir Abou Deka, comme s'il s'agissait d'un Israélien. L'ONU estime qu'Israël « essaie de cacher ce qui s'est réellement passé cette journée-là ».

Un drone envoyé du Liban blesse deux Israéliens. Al Qassam atteste : « Nos résistants ont détruit leurs maisons sur leurs têtes ». Il annonce la mort d'un pilote de char. Le représentant de l'armée certifie : « Nous payons le prix très cher. Le Hamas a conservé toutes ses capacités guerrières ». Netanyahu promet, encore une fois de libérer les otages par les armes. Kerby lance : « Je suis sûr qu'il faut faire une enquête sur la mort des otages ». Entre les certitudes de l'un et de l'autre il n'y a aucun fleuve qui passe.

Un soldat est tué par un missile lancé par le Hizbollah. Les Houthis lancent un missile de Mer Rouge sur les territoires occupés. La Navigation française reconnaît que tous les bateaux sont interdits de passage en Mer Rouge.

Au même moment, on annonce la mort de l'Emir du Koweit qui n'a pas trempé dans le dossier de la « normalisation » avec Israël. Voilà quelqu'un qui va confiant vers sa tombe, il n'a pas cédé aux offres qui font allécher ses voisins.

Al Jazeera diffuse des images d'Al Qassam lorsqu'il a attaqué des positions ennemies, à Beit Lahya, tué 7 soldats, détruit 3 blindés et pu récupérer un lot d'armes et de munitions, abandonnées par l'ennemi pendant la fuite. Le bilan des pertes ennemies pendant les dernières 24 heures se chiffrent à 35 soldats tués.

Une manifestation monstre se met en branle vers le ministère de la défense israélien qui est en train d'« étudier » une nouvelle stratégie pour libérer les otages, depuis qu'il a brûlé sa dernière carte. Les blindés foncent sur des blessés, les écrasent dans l'aire d'un hôpital, la soldatesque prend en otages des enfants qui seront déchiquetés et dénués de leurs organes vitaux qui seront proposés au marché très juteux, qui a cours dans certaines grandes villes du monde moderne. On enregistre 20 martyrs à Khan Younes, 14 à Djabalia où les obus de chars ont fait rage. Oussama Hamdane du Hamas dit « Nous ne faisons pas confiance aux Américains » et évalue les carnages, commis depuis le début du conflit, à 1700, avec tout ce que cela implique comme destructions, morts de civils, de déplacés, etc. Les ministres allemand et anglais de la défense estiment qu' « Israël a perdu la guerre ». Mais ils font semblant comme si la victoire était toute proche.

Al Jazeera a transmis le dossier des journalistes tués à la CPI. Des experts et des avocats chevronnés ont pris le dossier en charge, ajoute-t-on. L'association des journalistes a également déposé plainte. Israël cache les détails compromettants sur l'assassinat de Samer Abou Deka. Mais les informations qui ont accompagné sa mort lente devraient suffire pour les inculper.

A Naplouse, les arrestations se poursuivent. La Cisjordanie qui a cru à une paix durable avec l'occupant semble payer le prix de sa stupidité. La soldatesque ennemie a ramassé 16 hommes désarmés afin de mieux négocier l'affaire des otages avec Hamas.

À la suite du décès d'un résistant au sud Liban, le Hizbollah a envoyé un drone et confirmé avoir frappé bien au-delà de la frontière. Les compagnies de navigation cessent de passer par la Mer Rouge, depuis qu'elles ont compris que les Houthis ne plaisantent pas.

A Djouhr Eddik, Al Qassam frappe des soldats rassemblés. Ils ont tué 7 soldats et détruit 3 blindés. A Khan Younes, ils surprennent l'ennemi et réalisent un lourd bilan : autour de 35 soldats et un officier tué en 24 heures.

Netanyahu : « Nous sommes en désaccord avec le Qatar (…) Je ne me soumettrai pas à la pression internationale ». Il est autant en désaccord avec l'Amérique, du moins selon ce qu'il laisse entendre, comme un enfant qui boude sa maman. L'Amérique elle se penche sur la gestion de Gaza, une fois le rêve israélien réalisé. La Maison Blanche le dit : « Abbes ne peut pas gouverner la Palestine ». Le Sunday Telegraph : « Hamas a une popularité alors que l'Autorité palestinienne est en net recul ou bien il faudrait les renvoyer dans un pays arabe qui pourrait prendre en charge toute la Palestine ». Comme on le voit, on pense à tout, y compris l'occupation pure et simple, pourvu que Hamas soit éloigné, pour toujours.

Des blindés font une incursion à Toul Karem. Le film israélien montre des armes récupérées à Djouhr Eddik. Al Qassam estime que 45% des morts sont des déplacés qui ont été liquidés en tout impunité. La résistance fait état d'un bus de transport de troupes et de blindés détruits par des missiles Hawn à Khan Younes. Au sud Liban, des tirs de missiles sur les colonies laissent morts et blessés.

Un spectacle de désolation est réalisé à Beit Lahya. On voit partout des pieds saillants et des têtes de corps inertes enfoncées dans les détritus. Une femme tente de raconter ce qui s'est produit. En bref, l'hôpital Kamel Adouane a été rasé par les bulldozers. C'est le cumul de l'œuvre moderniste qui s'accomplit pendant que le monde se tait. Les témoins disent, à l'unanimité, que les corps ont été ensevelis par des excavatrices. Les jambes de corps enfouis sont visibles dans une grande superficie complètement labourée par les engins et les bombes. Plus de 20 corps ont été retirés de la cour défoncée. Après cet exploit, Israël ne pourra plus jamais demander des excuses ni faire oublier « la solution finale » qu'elle est en train d'appliquer à la lettre. Beaucoup de voix s'accordent à dire que les Nazis ne l'ont pas fait.

Le soir même, d'autres troupes encerclent Toul Karem pour refaire ce qui a été fait à Adouane, quand les Arabes consternés ont pleuré, de honte, en regardant les images du déluge défiler sur les écrans de leurs télévisions. Oussama Hamdane commente :

« De défaite en défaite (…) ils tuent les otages, à présent ».

A Djabalia, au nord-est, deux maisons sont détruites par obus de chars. L'Internet est coupé depuis quatre jours, les routes sont détruites, Gaza est totalement coupée du monde. Ils peuvent à présent tuer à satiété. Même les journalistes ont peur, plus d'une centaine ont été tués de sang-froid ; à ceux qui auront survécu on pourra édifier des temples pour avoir osé tenir face au déluge. Des bombes tombent toujours sur Khan Younes, plus au sud.

A Hay Zeitoun, Saraya El Qods frappent des troupes ennemies avec des missiles Hawn et causent des pertes importantes. A El Khalif et Naplouse, des agressions de colons se multiplient sur des civils. Au sud Liban, des missiles et des drones sont envoyés sur des colonies.

Les pertes son enfin annoncées au sud de Gaza : 2 officiers et 3 soldats sont tués. C'est le résultat donné après le filtrage, bien sûr, par le bureau de censure militaire. Ce qui donne un résultat très en deçà de ce qui fut. Un responsable militaire reconnaît : « Nos soldats sont fatigués et épuisés par la guerre ». Puis il y autre chiffre : 3 soldats blessés et deux officiers dont un dans un état grave, au sud de Gaza.

Des images montrent beaucoup de blindés détruits, tirés par des chars pour ne point laisser de traces de la défaite. Mais le trou financer se fera ressentir lorsqu'on évaluera le prix d'un seul char Mirkava détruit entre 3 et 4 millions de dollars perdus. Auxquels il faudra ajouter les milliers de bombes coûteuses et les balles perdues quand les soldats se mettent à tirer sur des murs pour se donner du courage.

Les familles des victimes, écœurées par les résultats d'une guerre odieuse et incontrôlable, disent à l'unanimité : Ce gouvernement fait fausse route ; il doit partir. Et comme tout le monde le sait : Netanyahu ne peut partir. Il ne partira que lorsqu'il aura détruit Israël, sur le principe du « moi ou le déluge ». Il peut rencontrer Biden plus facilement que le comité de guerre qui le critique à voix basse. Et comme il a ses rapporteurs, il sait tout ce qui se dit derrière son dos.

Les images qui suivent sont plus horribles. Des enfants sont écrasés par les bulldozers et les engins de travaux publics, sans aucune gêne. En guise de consolation, un soldat est tué par drone au sud Liban. Enfin, côté Israélien, on dit que cette guerre prendra des mois. On oublie de dire : Sans résultat. Comme elle peut prendre des années et le Hamas sera toujours là pour les empêcher de dormir et de vider les colonies, en raison de la peur qui s'est installée de manière définitive dans leurs âmes. C'est la raison qui les pousse à s'acheter des biens en Europe, sur le bord de mer si possible. La guerre ? Les mercenaires s'en occupent. Ils sont bien payés pour la faire.

Enfin, l'imprévu vient de se produire : un diplomate français est tué dans un bombardement à Gaza. Il s'agit du représentant d'un pays allié. On dira plus tard qu'il a été ciblé parce que sa présence était gênante au milieu de ce tumulte. Ils lui ont demandé de partir mais il a décidé de rester. Tant pis.

A Djouhr Eddik, 10 soldats sont tués et 4 blindés détruits, annoncent Saraya El Qods.   Des accrochages avec les troupes ennemies se poursuivent à Khan Younes. Les sirènes retentissent au-dessus de la tête d'Israël. D'autres accrochages ont lieu aussi à Hay Zeitoun et Beit Lahya. Après l'échec de l'offensive terrestre, on passe à autre chose, à la liquidation massive des habitants de Gaza, sans distinction de race ni de religion, sans laisser de traces. A Djabalia, on compte 24 disparus, 3 morts à Ramallah et 6 autres la veille au même endroit. Des accrochages reprennent à Choudjaïa, à l'est de Gaza. A Toul Karam, les routes sont défoncées par les bulldozers. Le guignol estime que « la situation est difficile » au lieu de dire « incontrôlable ». Al Jazeera dépose le dossier ficelé du photographe Abou Daka devant la CPI. Ainsi, la boucle est bouclée.

Un groupe de médecins de l'hôpital Adouane tentent de tenir une conférence pour expliquer le désastre et parler des corps enterrés vivants par des engins de travaux publics. Ils sont aussitôt surpris par des tirs nourris qui les font courir dans tous les sens à la recherche des abris qu'ils ne trouvent pas. Au même moment on apprend la mort d'un autre otage. L'on assiste à des tirs nourris d'obus sur Kamel Adouane et des tireurs placés sur les toits pour mieux cibler les civils en mouvement. On compte 65 martyrs au nord de Gaza. Un camion de denrées alimentaires est pris d'assaut par les gens privés de nourriture pendant trois mois. A la mi-décembre, 100 camions seulement sont passés, ce qui représente un dixième de ce qui devait être, avant le 7 octobre.

Moushe Kablinsky, ancien chef du bataillon Goulani, parle de 82 officiers tués depuis le 7 octobre et d'un quart de ses troupes liquidé. Reuters rapporte que 55 bateaux ont été renvoyés du Canal de Suez, depuis le 19 novembre. Lors d'une grande manifestation, organisée à Tel-Aviv, on a demandé à Netanyahu de déguerpir, lui et son groupe qui ont pris le risque de mettre le devenir de cette entité en suspens.

Le spectacle des civils déshabillés est reproduit une seconde fois, comme pour mettre le visage de l'infamie à découvert. Cela s'est fait quand les familles de victimes, sur l'autre front, pleurent les leurs, ravis par la mort violente, kidnappés puis tués par les balles amies. L'on se rend compte dès lors de la bestialité de ses monstres qui n'ont aucune notion de l'humanisme, ni aucune pitié pour les leurs comme pour les autres. L'on découvre que l'Etat sioniste s'est érigé sur la haine. Et comme la haine ne peut en aucune manière être le socle d'une politique, son devenir sera comme celui du Nazisme qui s'était constitué selon les mêmes normes. On enregistre morts et blessés, par tirs de soldats ennemis qui ont empêché des civils de rejoindre leurs maisons à Sabra, au nord de Gaza.

A Djabal Aala, au sud Liban, une bâtisse est touchée par missile anti-obus. On annoncera un mort et des blessés à une distance d'un kilomètre de la frontière. A Cheikh Redouane, trois engins sont détruits ; s'ensuit un accrochage à Khan Younes, causant des pertes importantes. Neuf soldats ennemis sont tués, selon les chiffres officiels. Des dizaines de morts parmi les civils sont enregistrés à Djabalia, pendant les dernières 24 heures. Les tirs d'obus se poursuivent sur Hay Zeitoun et Djouhr Eddik.

Les directeurs de la Santé de Gaza annonce, enfin, que « des gens ont été enterrés vivants » à l'hôpital Kamel Adouane. La maison de Mohamed Khalafi est détruite à Djabalia ; les enfants sont ressortis des décombres complètement déchiquetés. Une grande explosion retentit à l'est de Gaza, où une fumée noire se dégage, couvre le ciel de sa noirceur, comme pour annoncer un nouveau malheur ; les gens se mettent à tousser à cause de sa densité ou de sa nocivité.

Le Hizbollah détruit un poste de contrôle, en voie de construction, dans la colonie et fermes David. Al Qassam annonce avoir frappé des positions ennemies à Khan Younes, détruit 4 engins, tué un officier et un soldat, et blessé 9 autres dont 2 officiers.

Les manifestations reprennent un peu partout dans le monde. Une manière de dire que nous nous l'avons les mains de l'ennemi sioniste qui ne cultive que haine et mépris envers autrui. On a été induit en erreur. L'on se rend compte finalement que les enfants des anciennes victimes des Nazis que constituaient leurs aïeuls, sont devenus à leur tour des bourreaux à leur tour et l'Allemagne des temps modernes se retrouve de leur côté, avec autant de haine envers les Arabes, comme ses aïeuls autrefois envers les Juifs. L'histoire des peuples n'est qu'un éternel recommencement, quand l'être humain perd son humanité. A Berlin, ils ont fixé des drapeaux palestiniens sur des voitures qui sont partis dans un énorme cortège à crier leur mécontentement. A Paris, où le pouvoir est pro-sioniste, ils ont marché sous le slogan « Halte au génocide ». A Bruxelles, où le gouvernement a retiré la nationalité aux enfants nés de pères palestiniens, les manifestants ont hissé d'innombrables drapeaux palestiniens en criant : « Halte à l'extermination du peuple de Palestine ».

Israël lève la main sur l'argent bloqué des salaires de Cisjordanie. La Chaine 12 rapporte que le Hamas touche lui aussi des salaires. A vérifier. Il y a lieu de relever, cependant, que les banques, l'administration, les visas, les naissances, les décès, etc. même les passeports du Hamas sont délivrés par l'état sioniste. C'est dire que l'Etat de Palestine n'existe ni dans les faits, ni dans les actes de l'occupant. Ce qui explique cette haine viscérale et le refus catégorique de reconnaître l'Etat palestinien auquel les terres et les biens ont été ravis depuis 1948. En bref, il s'agit d'une occupation dans le sens plein du terme. Ils seront appelés, un jour ou l'autre, à dégager. C'est l'axiome de l'histoire qui garde bien ses secrets.

A Djalil Aala au sud Liban, derrière le Litani, des accrochages se sont intensifiés. Selon le Hizbollah, « Israël ne s'engagera pas dans la guerre ». La résistance surveille les mouvements de l'armée ennemie. Elle tire à l'artillerie lourde sur une caserne et 5 autres positions à l'intérieur des colonies et annonce la mort d'un officier et confirme la destruction des câbles de transmission de la caserne ciblée.

De son côté, Saraya El Qods annonce avoir envoyé des missiles sur les forces ennemies à Djohr Eddik. Des images d'accrochages farouches sont diffusées. A l'hôpital Kamel Adouane, les soldats ennemis ont creusé un puits, y ont jeté des corps de morts et blessés puis l'ont rempli de terre par des excavatrices. Même CNEWS qui généralement ne souffle mot sur les carnages d'Israël, parle d'un « bain de sang » à l'hôpital Adouane.

Netanyahu dit, toute honte bue, que les familles des otages lui ont demandé de poursuivre la guerre, au moment où ces derniers pleurent les leurs, tués par balles amies. L'opposition dit, par contre, que le peuple a perdu confiance en ce gouvernement et ses services de sécurité.

Les Houthis du Yémen annoncent avoir interdit le passage de Bab El Mendeb à tous les navires, jusqu'à nouvel ordre. Et le Pape, qui n'a pas été prolixe durant cette guerre d'extermination, proteste contre l'agression de deux sœurs catholiques à Gaza, par l'armée sioniste, en sous-entendu. A Gaza, les câbles de transmission sont partiellement rétablis. Israël montre des images du tunnel du Hamas qu'on vient de découvrir.

Le porte-parole du Hamas, Khalil Haya, revient sur le sujet des otages : « Lorsqu'on a vu le jeu de cartes sur les otages et les aides, on a tout compris (...) le dossier est fermé jusqu'à la fin définitive du conflit. Ils utilisent cette carte juste pour calmer les familles des otages. Le Hamas ne négociera pas sous la pression (...) Le monde entier ne peut-il pas faire entrer les aides ? Que pèsent 100 camions d'aides devant 2,2 millions de personnes ? (...) Nous frapperons l'ennemi où qu'il se trouve. Nous le harcèlerons, tuerons ses soldats (...) La résistance se porte au mieux. Du nord au sud, nous affronterons l'ennemi, qui dispose de moyens énormes, avec notre détermination, nous le vaincrons ; c'est notre terre, que tout le monde le sache ! Nous nous dirigerons vers El Aqsa, c'est notre boussole, c'est le titre de notre combat (…) une fois l'ennemi chassé de nos terres, le peuple choisira en tout souveraineté ses responsables ». Biden aurait dit à Abbes que l'affaire des deux Etats serait résolue « quand reviendra le Messie », rappelle-t-il avec sarcasme, « c'est-à-dire jamais ». « La Cisjordanie et Gaza font une seule unité, martèle-t-il, Le futur est le même et pour El Qods et Gaza et la Cisjordanie ».

Une manifestation se déroule à Paris, malgré le cordon policier, sous le slogan : « Cessez-le-feu immédiat ». Une autre se tient à Düsseldorf en Allemagne, appelant également à l'arrêt de la guerre.

Une pluie de missiles s'abat sur les villes israéliennes. Israël revient sur les images du tunnel, découvert après plus de 70 jours de recherches, qu'elle aurait investi. On voit des rails, des égouts, des sortes de puits, etc. Des civils y pénètrent et marchent en toute confiance, sans crainte d'être surpris.

Selon un sondage fait sur les appréciations qui accompagnent cette guerre, 83% des images partagées sur le Net sont contre Israël, ainsi que 64% des textes, 28% pour la Palestine contre 8% pour Israël.

Sur le plan du déploiement du conflit, en sus des points de tension comme le Liban, Syrie, Irak et Yémen, en attendant l'Egypte qui est mise sous pression par l'ennemi, il y a d'autres endroits de tensions. Lors de la conférence Pakistan Umma Unity Assembly il a été décidé de mettre « La sécurité de la mosquée El Qods sous la responsabilité de la Umma islamique ». La Corée du nord a envoyé un missile balistique nucléaire en Mer du Japon ; les USA ont aussitôt envoyé le sous-marin Missouri en Corée du Sud. Séoul et Washington ont menacé de fin de règne du régime au nord en cas d'attaque au nucléaire, lors d'une réunion tenue aux USA. D'autres sources parlent de la bombe atomique pakistanaise qui serait mise à la disposition du Hamas au cas où les menaces du ministre israélien fanatique d'utiliser l'arme nucléaire seraient prises au sérieux. Il y a bien sûr le conflit Russie- Ukraine qui se poursuit à la faveur de Moscou, depuis que les regards sont rivés sur la guerre de Gaza, et le litige Taiwan qui peut éclater à tout moment entre Chine et USA. Ce ne sont là que des supputations dont il faudra tenir compte, en cas de crise économique majeure, comme cela s'était produit en 1929. La banque centrale israélienne parle d'un coût de 58 milliards de dollars gaspillés dans cette guerre inutile qui fera le lit d'autres guerres encore plus intensives. Rappelons, enfin, que la guerre du Covid-19 a été largement bénéfique aux USA, au grand dam de leurs alliés européens.

Les familles des otages entrent dans leur premier jour de sit-in pour faire la pression sur un Netanyahu qui semble ignorer la corde qui est en train de se serrer autour de sa gorge.

Comme un mauvais présage, le convoi de Biben est frappé de plein fouet par un chauffard, qui aurait perdu le contrôle de son véhicule qui a percuté l'une des voitures, en causant plus de panique que de dégâts, au moment où le président entrait en précampagne pour un nouveau mandat, qui semble très compromis à cause de cette fâcheuse guerre.

Un autre massacre a eu lieu cette fois-ci à Dir Ballah où les corps sont jetés ici et là au milieu de cette fournaise, où des blessés en nombre n'arrivent plus à bouger, tant le drame est insurmontable, en raison des voies défoncées par l'ennemi, à dessein, pour empêcher les secours d'y parvenir. Le drame a été sciemment préparé pour réaliser cette œuvre macabre, comme on l'avait déjà vu en d'autres circonstances dont la dernière fut celle du photographe d'Al Jazeera, qui est mort en perdant son sang pendant toute la journée.

A propos du nouveau conflit en Mer Rouge, Austin dit : « Nous allons tout faire pour ouvrir Bab El Mendeb (…) on ne va pas dicter quand la guerre prendra fin ». Pour l'heure, plus aucun bateau ne transite par Bab El Mendeb.

Des accrochages acharnés ont lieu entre la résistance du Hizbollah et une patrouille ennemie. Une autre est frappée par Al Qassam, par un missile à distance réduite qui a fait beaucoup de morts et de blessés parmi les soldats ennemis et des chars détruits. Cinq officiers sont tués et d'autres blessés.

Au 73ème jour du conflit, Oussama Hamdane, porte-parole du Hamas, revient à la charge dans une longue allocution : « Ce sont ceux-là mêmes qui assassinent aujourd'hui, qui détruisent les mosquées, les hôpitaux, les routes, les maisons …les massacres sont l'œuvre des nouveaux Nazis sur des civils à Djabalia, Chifa, etc. L'occupant a détruit tous les hôpitaux, arrêté des médecins, causé la mort de plus de 19 mille personnes dont la majorité sont des femmes et des enfants, agressé des femmes (…) Gallant demande conseil à Austin. Quelle expérience a ce dernier de la guerre ? A-t-il combattu au Vietnam ? Cette société bâtarde qui agresse en différents endroits puis repart dès que ça tourne mal (…) Ici c'est notre terre depuis des millénaires (…) Les crimes commis avec le soutien américain et où Biden est complice dans l'assassinat de nos enfants, par mercenaires interposés qui ne tirent que sur des civils. Ils ont tué également un diplomate français et deux femmes catholiques (…) l'ennemi a échoué, son scénario a échoué (…) la patience de notre peuple les a détruits. Tout se qui se publie se fait contre l'occupant ; c'est une faillite politique, diplomatique et militaire. A l'ONU, malgré le vote de 100 Etats pour la résolution d'arrêt des combats, les USA usent du veto comme arme de guerre au grand dam du droit international. Les USA sont en train de jouer leur devenir sur scène. La dénonciation doit être unanime, partout dans le monde (…) Le temps est toujours en notre faveur ».

Les massacres se poursuivent à Djabalia et Khan Younes. La discorde est visible entre Biden et Netanyahu qui lui a coûté trop cher dans cette stupide guerre où les seuls objectifs sont les civils tués et les maisons détruites. Trois vieux otages adressent un message à leurs autorités. Ils disent avoir construit l'armée sioniste. Ils craignent de se faire tuer par cette même armée, avant de conclure : « On doit nous libérer quel que soit le prix à payer ».

Le spectre de « l'armée invincible » s'effiloche

Les doutes s'installent. On n'est plus dans l'euphorie de « l'armée invincible ». La résistance palestinienne a eu le dessus avec des moyens rudimentaires, en laissant morts et blessés sur le tapis, à chaque tentative d'incursion de l'armée ennemie.

Un expert américain exprime ses doutes sur l'issue de l'offensive terrestre, criée sur les toits, comme s'il s'agissait du remède à tous les maux de l'Etat sionisme qui boîte depuis le samedi noir du 7 octobre. Les jours passent et il n'y a aucune avancée sur le terrain. Les conséquences de cette guerre absurde commencent à prendre en d'autres endroits.

En Mer Rouge, les Houthis viennent de frapper deux navires par drones. Les USA engagent des pourparlers avec les Houthis, par l'intermédiaire d'Omman. Mais les Houthis restent déterminés à ne laisser passer aucun bateau destiné à Israël, tant que les aides n'arrivent pas à Gaza. Au sud Liban, le Hizbollah riposte aux frappes ennemies, en envoyant des missiles sur Charrar, en avertissant que « chaque mort de civil a son prix ». Toutefois, Israël vient d'arrêter sa décision de ne pas ouvrir le front du Liban, du moins pas dans l'immédiat. Les caisses sont vides et les Américains commencent à douter du résultat de cette escalade qui est devenue trop coûteuse, d'autant qu'elle n'est pas justifiée.

L'Unrwa évalue à 1,9 million le nombre de déplacés du nord vers le sud de Gaza. Il s'agit du plus important exode de population depuis 1948. Les images montrent les résultats des frappes d'Al

Qassam sur les contingents de soldats et le nombre de blindés - très coûteux- détruits.

Les sirènes retentissent, de nouveau, sur les toits de Tel-Aviv qui est devenue invivable, à force de courir à chaque instant, nuit et jour, vers les abris sous terre, en laissant ses affaires en suspens. Certains pensent sérieusement à un aller sans retour, vers n'importe quelle destination. Les écoles sont fermées, les universités, les commerces, les usines, tout est à l'arrêt. Les plus malins, enfin les riches, se sont déjà installés ailleurs, en attendant des jours meilleurs. Les colonies du nord se sont vidées de leurs occupants depuis le début du conflit. Ils représentent eux aussi un coût qui viendra s'ajouter aux dépenses de cette guerre très coûteuse.

Maarif annonce la chute d'un drone sur une unité du Hizbollah à Djallil Aala, au sud Liban. Al Qassam annonce avoir tiré des missiles sur Tel-Aviv.

Ahranot rapporte, selon un responsable israélien : « Nous lâcherons, s'il le faut, les anciens prisonniers condamnés à de lourdes peines ». Un sondage publié par le New York Times rapporte que les moins jeunes parmi les Américains sont contre Israël.

Les USA appellent toutes les nations à se lever contre les Houthis. Ces derniers rappellent que cette débandade est créée pour couvrir les méfaits d'Israël. La France, Allemagne, Grande Bretagne ont vite adhéré à l'alliance que veulent créer les USA pour contrer les Houthis du Yémen. Toutes les sociétés de commerce maritime ont cessé de convoyer leurs marchandises par Bab el Mendeb.

Au 74ème jour du conflit, les sirènes continuent de siffler au-dessus des têtes à Tel-Aviv et les gens qui se mettent à courir vers les caches.

Al Qassam montre des images de blindés détruits et de soldats surpris par des obus puis des hélicoptères qui ramassent morts et blessés. Il s'agit de 20 soldats transportés vers les hôpitaux, pendant les dernières 24 heures, contre 30 civils tués par des bombes envoyées du ciel sur une population désarmée.

À la suite d'un bombardement à Hay Errimel, on fait sortir difficilement les corps ensevelis sous les décombres. Toute une bâtisse est rasée, effondrée sous un déluge de poussière. Les corps sont toujours là éparpillés ; une vue immonde de ses enfants déchiquetés, dans une atmosphère de fin du monde. Un vieux se met à bouger, sans pouvoir remuer ses membres. Certains s'interrogent sur la nature de la bombe utilisée cette fois-ci. Elle est d'une intensité foudroyante, jamais égalée, au point où les corps sont éjectés sur des distances et laissés sans vie. Certains pensent à l'arme nucléaire qui aurait pu être utilisée, à dessein, sans l'annoncer, d'ailleurs les Israéliens n'ont jamais avoué détenir l'arme nucléaire et aucune mission de contrôle n'a été envoyée en Israël, comme cela se fait tout le temps pour l'Iran.

Les sirènes retentissent de nouveau, cette fois-ci à Afifin, Yaroun, Bardan, à Djalil Aala. A Khan Younes, les blindés et hélicoptères tirent à vue sur tout ce qui bouge. Les sirènes reprennent à Djalil Aala, à la suite des drones envoyés par la résistance.

Ahranot rapporte : « Israël veut négocier, suite aux otages morts par balles amies. Biden soutient l'échange d'otages ». Guteres, SG de l'ONU : « Même si le passage des aides est ouvert, elles ne peuvent arriver à destination à cause des frappes ».

Austin annonce déjà la création d'une alliance anti-Houthis. Elle est constituée du Bahrein, France, Espagne, Grande Bretagne, Hollande, USA, etc. les Houthis rappellent leur détermination à bloquer le passage des navires par Bab El Mendab, quel que soit le prix à payer.

Le ministre de développement britannique estime que « le volume des morts est incommensurable mais qu'Israël a le droit de se défendre ». Le représentant de l'ONU au Moyen-Orient : « J'appelle toutes les parties à se contrôler. Gaza a connu les pires sévices. Je suis très préoccupé par les tueries à Gaza. Le nombre de morts est inadmissible ».

Six missiles envoyés du sud Liban atteignent leurs cibles. Israël répond : « Nous avons enregistré des tirs sur nos colonies ». Un anti-missile aurait intercepté un drone. La radio militaire fait état de beaucoup de missiles envoyés par le Hizbollah sur Israël.

Les Houthis répliquent à l'alliance supposée : « La menace américaine n'aura aucun effet sur nous. Nous saluons les compagnies qui ont fait cesser le convoyage de marchandises par Bab el Mendeb. Ils disent avoir discuté avec Omman le sujet des aides pour Gaza. Les navires doivent désormais bifurquer par la Corne africaine, c'est-à-dire un détour coûteux pour atteindre la Méditerranée ».

Financial : « Le prix que devra payer Israël pour libérer ses otages sera très élevé ». Al Qassam annonce avoir frappé un char Mirkava, à Khan Younes, par un Yassine 105 et attaqué une troupe ennemie qui a pris refuge dans une maison abandonnée.

Le MAE britannique s'insurge enfin, comme sorti d'un mauvais rêve : « Nous ne permettons pas au conflit de perdurer plus d'une minute. Nous demandons à Israël de cesser de tuer les civils ». En guise de réponse, une bombe explose à Hay Rimel fait 50 morts et autant de disparus restés sous les décombres. L'hôpital Aouda est transformé en caserne. Les USA : « le temps est venu de lâcher les otages ». ONU : « Nous enquêtons sur les tueries faites par les colons armés ».

L'Iran annonce le recrutement de marins pour faire des attentats en Mer Rouge, en guise de réponse à l'alliance américaine pour contrer les Houthis en Mer Rouge.

Le guignol annonce la mort de 3 soldats dans deux accrochages séparés. Al Qassam annonce la destruction d'un Mirkava et d'un nombre de morts et de blessés à Cheikh Redouane. Israël reconnaît l'affrontement avec « un ennemi farouche ».

Une image inédite du 7 octobre, montre un blindé tirant sur une maison dans un kiboutz, sans qu'il y ait une réaction des tireurs pour sauver les otages.

Le QG de l'Unrwa est torpillé au nord de Gaza. Quatre parmi les 9 tireurs sont des commandos. 29

soldats ennemis sont tués dans les accrochages pendant les 24 dernières heures.

200 mille colons sont déplacés. Beaucoup parmi eux ont émigré vers l'Amérique (Brésil et Argentine), Portugal, Espagne, Grèce, etc. Mohamed Hmidi, adjoint du chef du Djihad commente : « Le rêve américain prendra fin avec la fin du conflit. Il aura ses effets sur le poids d'Israël dans la région, c'est certain ». Pour l'heure, des bombes d'un genre nouveau tombent au nord de Gaza, lâchant une fumée noire intense, suffocante.

Le New York Times publie un sondage d'opinion qui donne 57% des pronostics contre la politique de Biden, 44% pour l'arrêt immédiat des combats, 39 % contre et enfin 44 % des opinions favorables à la Palestine. La popularité de Biden est en chute libre, à un an des élections présidentielles. Les finances sont perturbées, la croissance et les offres d'emplois taries. Trump a évolué, dans le sens où il arrive à séduire les Américains des moins de 29 ans. La raison se situerait dans l'échec de la gestion de la guerre à Gaza, par Biden et consorts. Elle a fait trop de mal aux démocrates qui demandent à secouer Israël qui foule du pied le droit international.

L'unité de volontaires de marine iranienne existe déjà, depuis 2019. Elle est aguerrie et prête à l'emploi. Elle compte 55 mille éléments et agit de manière très rapide, avec des canoës équipés qui peuvent agir de jour comme de nuit, avec beaucoup d'efficacité. En cherchant à élargir le nombre par le recrutement de volontaires qui vont la rejoindre, l'Iran veut se prémunir d'un danger virtuel, dans la mesure où la région va être exposée à de grands défis, en raison de cette guerre démesurée qui se déroule à Gaza et où le monde a découvert l'implication américaine qui a donné un chèque à blanc à Tel-Aviv pour se permettre toutes les folies.

L'Iran, ce pays que craignent les USA et leurs alliés, comme la foudre, depuis l'affaire des otages de 1981, est suspectée de se doter de l'arme nucléaire, sans pour autant mettre en valeur celle que détiendrait l'entité sioniste depuis des décennies déjà, sans trop en parler. Cette justice à deux vitesses a divisé le monde, entre légalistes et anarchistes, en créant un climat d'injustice qui fait grossir les rangs de ceux qui réclament justice. C'est le cas de le dire aujourd'hui depuis le début du conflit en Palestine. Désormais, tout est visible à l'œil nu. On ne sait, au nom de quel principe, Israël se permet de bafouer le droit international en instaurant la Shoah comme méthode d'extermination ethnique, pendant que le monde observe. Puis, quand un membre donné du Conseil de sécurité prend une initiative, les USA usent du droit de veto pour la briser, en brisant le droit international, dans la foulée. Sous cet angle de non-droit, le SG de l'ONU est traité comme un intrus, dans le sens ils ne lui accordent aucun respect. Mais le pire est à venir parce qu'en agissant de la sorte, l'Amérique est en train de glisser vers la guerre, une guerre mondiale qui ne dit pas son nom, par pudeur, peut-être. Et pour la seconde fois consécutive l'élément juif sera au centre de la polémique ou de l'enjeu qui fait le lit de ce qui va venir comme troubles.

L'Amérique qui est sortie tête baissée de Kaboul, en mettant tout son échec sur le dos de l'arithmétique (coût de la guerre) ne voudrait en aucune manière revenir dans d'autres batailles coûteuses. Mais ce n'est point l'avis d'Israël qui veut l'entraîner dans un grand conflit, pour se protéger, comme dans la parenthèse houleuse 1936/45.

Sur le front, si le mot sied, Israël vient de tuer des dizaines de civils à Djabalia. La résistance a aussitôt répondu par une pluie de missiles sur Tel-Aviv. L'Amérique dit que le moment des échanges d'otages est venu. Les accrochages reprennent de plus belle à Tel Zaatar où la résistance palestinienne a démontré de quoi elle est capable, face à un ennemi surarmé qui largue des bombes dévastatrices sur Gaza, comme l'avait fait Hitler hier à Londres. A l'est de Djabalia, l'ennemi a instauré un rideau de fer. Au même moment, trois millions d'Israéliens sont cachés sous terre, pour éviter les éclats des missiles d'Al Qassam. Au nord, douze missiles du Hizbollah sont tombés sur Chamouna et touché une caserne, malgré les boules de verre qui ont su parer à la pluie de projectiles. La résistance libanaise parle de 18 missiles.

Le PM britannique dit devant le parlement qu'il a pris contact avec le Qatar, en vue d'une reprise des négociations autour des otages que le Hamas rejette dans le fond et dans la forme. Visiblement, les alliés ne s'en tiennent qu'aux vœux de leur protégée. Mais le baromètre est en train de monter : l'ennemi annonce la mort de 10 de ses soldats. A Dir El Baleh, on apprend de source médicale que les enfants palestiniens blessés, une fois soignés, sont aussitôt liquidés à leur sortie par l'armée sioniste ou kidnappés pour se faire arracher les organes coûteux. Afin d'éviter les fuites, ils ont confisqué tous les téléphones des Palestiniens sur place et bloqué les ambulances, pour pouvoir agir à l'aise. Leur approche est simple : tout enfant palestinien est projet de terroriste notoire alors autant leur arracher les organes vitaux, très coûteux, que de les laisser en vie. Hitler avait fait du savon de leurs enfants. Diable, comme l'Histoire se répète !

Kerby : « L'alliance sera pilotée par la marine US et chaque pays fixera sa part de participation ». Un communiqué américano-atlantique est aussitôt diffusé pour avertir les Houthis.

Hassen Cheikh, de l'Autorité palestinienne, relève que les Américains « vendent des rêves ». Il s'explique : « Nous demeurons un seul peuple. L'argent est notre argent (il s'agirait des salaires bloqués par Israël-nda), il n'y a ni don ni aumône (…) le problème est la colonisation. Ils veulent prendre Gaza. Nous refusons et nous nous battrons pour la préserver ».

La cour suprême du Colorado interdit à Trump la participation aux élections. Voilà une décision qui arrangerait Biden. Mais il ne passera pas, même face à un singe, si les républicains ne trouvent pas de remplaçant.

Israël propose une trêve d'une semaine. L'Allemagne et l'Angleterre proposent un cessez-le-feu. Haaretz rapporte qu'un grand nombre de prisonniers ont été tués à Naqueb, dans le désert. Il s'agirait des Palestiniens dénudés, mis dans des camions et conduits vers une destination inconnue. Il s'agit d'un élément nouveau de la nouvelle Shoah, à noter. De leur côté, les Houthis lancent un appel au recrutement de combattants pour Gaza. Décidément, quand les Arabes ne bougent pas face au danger, il y a d'autres hommes libres dans le monde musulman qui prennent la relève. Ainsi va le monde ; avec les moyens dont ils disposent, les Houthis ont levé la tête aux Musulmans, face à cet entêtement sioniste qui va au-delà de ce qui est annoncé comme argument. On y reviendra.

Abd-el-Malek El-Houthi le dit : « L'ennemi considère les hôpitaux et les mosquées comme cibles militaires. Il tue et achève les blessés, avec sauvagerie, et présente cela comme victoire militaire (…) les Américains et les Israéliens constituent la base du sionisme ». Le PM espagnol : « Il faudrait plancher sur la reconnaissance de l'Etat palestinien. L'UE doit tout faire pour trouver une solution au conflit ». Le chef du Hamas fait une tournée en Turquie et en Egypte pour cerner les positions des uns et des autres car les déclarations de bonne foi ne suffisent plus.

Le Hizbollah annonce avoir touché sa cible : le temple du rabbin, avec des missiles Berkane. Israël réplique par des bombardements aériens, comme elle a l'habitude de faire à Gaza. Biden sort de sa léthargie et dit : « Hamas détient beaucoup d'otages ». Le Qatar appelle l'Iran à la modération. L'Iran annonce, de son côté, avoir installé des drones pour surveiller les déplacements américains en Mer Rouge.

Saraya El Qods frappent par des explosifs une patrouille ennemie à Choudjaïa et fait morts et blessés, parmi la soldatesque ennemie. Al Qassam, par contre, a miné un tunnel à Khan Younes et l'a fait sauter une fois que les soldats ennemis s'y étaient engouffrés, en causant beaucoup de morts et de blessés. Le bilan s'est élevé à un officier et 29 soldats tués pendant les dernières 24 heures, côté ennemi. Les sirènes ont sonné à Djalil Gharbi. Des journalistes ont été touchés à l'hôpital Koweit, où un nouveau carnage s'est produit. Les gens courent dans tous les sens et les corps sont déchiquetés, jetés sur les tas de gravats et de pierres. Les chiffres sont ahurissants : 32 Palestiniens sont tués sous les bombardements à l'hôpital Koweit, 10 autres à Khan Younes, 12 au Croissant rouge, d'autres sont tombés à Djabalia. Il y a eu un total de 70 morts en si peu de temps. Et Netanyahu qui jubile : « Celui qui croit qu'on va cesser le combat se trompe ». Il ne s'agit plus de moulins à vent mais bel et bien d'êtres humains. En Cisjordanie, il y a eu 4000 arrestations et un Palestinien tué dans un accrochage. Un blindé a été détruit à Khan Younes. Et Mohamed Daif, l'une des têtes pensantes d'Al Qassam, se trouve en très bonne santé, une nouvelle qui met à plat les supputations ennemies, colportées depuis un certain temps.

Netanyahu et Gallant offrent une nouvelle chance de négociations, devinez à qui ? A Austin pour on ne sait quoi faire. Les mecs-là savent ce que signifie le mot « otages » chez les dupes. Ils doivent éclater de rire, puisque les contribuables américains continuent de payer le prix, en prenant le risque de détruire Biden, une fois que le Congres aura décidé.

En guise de cerise sur la tarte, Saraya El Qods annoncent la destruction de deux chars, d'un camion et la mort de deux officiers, dans un guet-apens dressé à l'ennemi, dans la périphérie de l'hôpital Koweit, qui a répondu par l'envoi de bombes.

Bloomberg annonce qu'une centaine de bateaux ont changé de trajectoire, depuis que les Houthis leur font subir le calvaire. Mieux, ces derniers annoncent avoir envoyé des missiles sur Israël. L'Indonésie interdit, à son tour, le passage aux navires israéliens par son territoire maritime. Les Houthis haussent le ton.

CNN rapporte de source proche de la Maison Blanche : « Désormais, il est possible de faire entrer les aides par la Jordanie ». Et que les négociations pour libérer les otages avancent. Israël se dit prêt pour une trêve longue pour permettre au Hamas de rassembler les otages ; pour les liquider, peut-être ?

Al Qassam annonce la destruction de 3 blindés à Djabalia et 8 autres à Sabra, à Gaza. Le décompte chiffre à 465 le nombre d'officiers et soldats tués, depuis le 7 octobre.

Au sud Liban, l'aviation ennemie a largué 7 bombes sur des zones ouvertes. Le Hizbollah surprend une patrouille de fantassins par des missiles. Al Qassam frappe, de son côté, une section qui s'est repliée dans une maison à l'est de Gaza, laissant 12 soldats morts sur le tapis. Les Houthis avertissent les USA de toute agression et menacent de ripostes.

Al Qassam diffuse des images de frappes qu'ils font subir aux soldats coincés dans une maison et évaluent le nombre de morts et blessés à 29, ce qui représente un chiffre énorme qui met à plat la théorie de « l'armée invincible » qui reposait sur des sables mouvants. Il est désormais admis que la combativité d'une armée, soutenue par la première puissante coloniale, qui n'affronte pas son ennemi d'égal à égal sur le front mais s'adonne à la barbarie, en tuant des civils par des armes cruelles, n'est pas une armée.

Le ministre de l'économie israélien, un extrémiste notoire, demande à ses autorités de « liquider le Hamas au lieu de penser à négocier avec ». Ce dernier sera comme un cheveu dans la soupe, par ses interventions qui vont dévoiler la nature de cet Etat surfait qui a trompé tout son monde.

Blinken : « Nous croyons encore qu'Israël serait capable de détruire Hamas. Nous l'avons privé de forces terrestres (...) l'idée des deux Etats sera difficile pour toutes les parties ». Comme on le verra par la suite, il dira le contraire de ce qu'il vient de prononcer. Après le veto, il revient à de meilleurs sentiments, en disant : « Nous soutenons l'ONU pour faire passer les aides par le Rafah ».

Al Qassem revient avec plus de détermination, avec images à l'appui, dans une attaque sanglante contre l'ennemi, en détruisant un char et en tuant 7 soldats. Ils sont transportés par les hélicoptères vers les hôpitaux dont on ne voit pas les photos de l'intérieur comme s'ils n'existaient pas. Les blessés de Gaza sont transportés dans des calèches parce que les routes défoncées par les chars et bulldozers ne permettent plus le passage des ambulances. Mieux, maintenant ils interdisent l'entrée des animaux à Gaza pour évacuer les morts et blessés. N'ont-ils pas, de la sorte, créé l'enfer sur terre ? Et nul ne sait comment les Palestiniens de Gaza arrivent à supporter tout ça, en courant porter secours aux blessés, sans jamais se plaindre. Et si on inversait les donnes ? Si les Israéliens étaient amenés à subir ce que subissent les Palestiniens, ils ne resteraient pas un seul jour sur cette terre qu'ils avaient spoliée. Voilà le véritable enjeu. A méditer.

Le porte-parole du Hamas, Oussama Hamdane fait tourner en bourrique les gesticulations ennemies, en disant : « Mais demandez à Neta…nyahu (en arabe neta donne le sens de puanteur-NDA) ce qu'il pense des négociations. Il s'investit à présent dans un tunnel abandonné (…) Biden est complice, il fait retarder le passage des aides en usant du droit de veto pour affamer les Palestiniens maintenus sous blocus. Son administration tente d'absorber la colère du monde qui gronde et qui monte au fil des jours. Je leur dis : vous êtes complices, vous avez les mains tachées de sang. La calamité va vous poursuivre pour crimes commis, pour nazisme, pour génocide (…) Nous appelons la CPI à agir, à prendre ses responsabilités (…) cette armée nazie est une milice, elle prend des civils, les conduit vers le sud, leur fait subir le supplice -usant de l'expérience américaine d'Abu Ghrib qu'ils ont fait passer aux sionistes- et les tuent ». S'agissant des événements qui se précipitent en Mer Rouge, Hamdane triomphe : « Nous saluons nos frères au Yémen qui ont compris le message. L'alliance qu'ils sont en train de créer est une tentative de tuer nos frères. C'est une menace pour la paix. Nous saluons la Malaisie qui a interdit le passage des navires destinés à l'ennemi par ses eaux territoriales. Nous appelons le monde à ne plus coopérer avec leur plan maritime (…) Biden insiste à nous refuser la victoire, en niant la réalité. Il montre ainsi son vrai visage. Il nous pousse à poursuivre le combat jusqu'à la victoire finale. Il doit savoir que le problème réside dans la colonisation de notre terre. Il n'y aura pas de négociations sans la paix durable. Il n'y aura aucun avenir du colon sur notre terre ».

Abou Obeïda sort son ardoise : 41 blindés détruits et 25 soldats tués, pendant les dernières 24 heures. La réponse est affligeante. En guise de consolation, l'armée sioniste montre des images d'un tunnel de 18 mètres de profondeur qui aurait servi de QG à Ismaïl Hanya, Sinouar et Daef. Ils ont ensuite montré des soldats traînant derrière un chiot en tirant sur les murs, des armes et explosifs, trouvés chez un ennemi qui n'existait pas. Ils disent ensuite avoir trouvé d'autres tunnels au nord de Gaza.

Abou Obeïda révèle avoir miné des tunnels et les avoir fait exploser, à Khan Younes, quand l'ennemi s'en été un peu trop rapproché. Les images sont montrées pour donner la preuve. Depuis, les soldats ennemis ne cherchent plus les tunnels piégés. Ainsi, où qu'il se tourne, l'ennemi perd le nord. Même le projet d'inonder les tunnels, comme cela a été annoncé par les chefs de guerre, est abandonné. Ils tournent en rond depuis le 7 octobre, en exterminant les civils. C'est tout ce qu'ils savent faire.

Le MAE sioniste annonce : « Nous nous sommes mis d'accord avec la Grande Bretagne et Chypre pour ouvrir un couloir jusqu'à Gaza ». A faire passer les aides ? Mais non, ils veulent déplacer la population de Gaza par ce couloir, pour la jeter en mer, peut-être ? Personne ne sait ce qui se trame dans leurs têtes.

Ils lancent à présent des obus sur la Syrie. Al Qassam cible, à moyenne distance, leurs chars et en détruit à outrance, avec images à l'appui. On se dit parfois à quoi se chiffrerait le prix d'une Mirkava. Certains l'évaluent entre 3 et 5 millions de dollars. Tout cela aux frais du contribuable américain qui commence à prendre conscience de ce qui l'attend, si crise économique s'ensuit. Après l'argent fourni à Kiev pour soutenir une guerre qui dure toujours, ils mettent le paquet sur la guerre des ombres, jusqu'à vider toutes les caisses.

Le MAE sioniste le crie sur les toits : « Nous allons tuer Hanya et Machaal ». En attendant, ils vont tuer leurs subalternes, sans trop savoir si les assassinats peuvent être considérés comme butin de guerre. Ils peuvent relever le moral des troupes pour quelques instants mais rien ne peut pallier la victoire sur le front. C'est une évidence.

Le jeu continue ; Chaine 13 : un accord de libération de 30 à 40 otages serait conclu ; Maison Blanche : accord très sérieux. On appelle cela « poudre aux yeux ». Le report du vote sur la résolution au CS relative à la trêve est annoncé.

La presse israélienne annonce le retrait de la Brigade Goulani des combats puis de parachutistes d'autres bataillons aéroportés. Visiblement, « l'armée invincible » s'est lassée de poursuivre des ombres, en tuant femmes et enfants dans son parcours. Les pertes sont évaluées, pour l'heure, à 40 milliards de dollars.

Les brigades d'Al Qasam annoncent la tuerie de 17 soldats dont un officier et 3 blessés. Abou Obeïda rappelle à qui veut entendre : « Pas de libération d'otages jusqu'à cessation définitive des combats ». Dans le rapport des espions éparpillés partout, on y lit : « Le Hamas est exceptionnel ».

D'autres mosquées sont détruites par explosifs à Rafah et Djabalia où 55 personnes sont tuées. Mais ils n'arrivent toujours pas à prouver que l'hôpital Chifa détruit a hébergé la résistance du Hamas.

Le Hizbollah frappe de nouveau des positions ennemies au sud Liban. Austin appelle son homologue française au sujet de La Mer Rouge qui s'assombrit au fil des jours. Blinken pleure les civils de Gaza. La Grande Bretagne : « Nous travaillons pour faire passer les aides vers Gaza ». L'Egypte : « Nous espérons que le volet humanitaire va militer pour le changement au Conseil de Sécurité ». Beaucoup de martyrs tombent sous les bombes larguées sur Choudjaïa. Sur le front, un total de 720 blindés détruits depuis le début du conflit. Le chiffre des pertes en armes est astronomique, en attendant les vrais chiffres des pertes en hommes. Le directeur de la banque centrale israélienne n'a jamais cessé de lancer des alertes sur la crise financière qui allait frapper de plein fouet l'économie israélienne, déjà boiteuse. Mais les chefs de guerre ne regardent que leur nombril, en attendant la crise interne qui va les essorer, avant de les jeter dans les prisons pour avoir mis en danger l'existence de l'Etat d'Israël dans la région.

L'Italie et les USA lèvent l'embargo sur les armes destinées à l'Arabie saoudite qui est en guerre contre les Houthis, depuis une décennie déjà, sans le consentement américain. L'Autriche a cautionné la non-trêve au Conseil de sécurité.

Une armée de mercenaires

Les armées n'ont plus les motivations d'antan ; elles ne combattent plus pour un idéal ou pour une cause ou pour un territoire ou pour la patrie. Elles combattent pour de l'argent. Et plus on est qualifié et plus on gagne mieux. C'est le cas de le dire pour les pilotes qui larguent des bombes, selon un mode d'emploi donné, sans prendre de risques, parce que l'adversaire n'a pas de DCA, ni suffisamment de drones appropriés qui lui permettent d'abattre des avions à une distance donnée. Ils gagnent plus et sont en sécurité. Ce n'est pas le cas pour les pilotes de chars ou des fantassins qui sont plus exposés au danger.

Les armées recrutent leur soldatesque un peu partout dans le monde, sans répondre, dans la plupart des cas, aux principes élémentaires de la guerre. Les chiffres de mercenaires rendus publics sur l'armée sioniste sont répartis comme suit : France : 3804 ; Grande Bretagne : 3142 ; USA : 2584 ; Allemagne : 2051 ; Inde : 1720 ; Italie : 1653 ; Ethiopie : 1580 ; Sud Soudan : 1462 ; Pologne plus Ukraine : 1158 ; Salvador : 945 ; Honduras : 810 ; Argentine : 416 ; Canada : 379 ; Nord Irak : 114 ; Thaïlande : 74... Cela fait un total de 22 mille mercenaires.

Les chiffres des mercenaires venant du monde arabe ou de Russie, où il y a une grande diaspora d'origine juive, ne sont pas mentionnés. Pourtant lorsqu'on entend parfois les soldats parler entre eux on les reconnaît à leur l'accent russe. Il y a le cas des

Thaïlandais, par exemple, qui ont été relâchés dans l'échange d'otages, suite à l'intervention de l'ambassadeur thaï auprès du Qatar ; il se peut qu'ils se comptent eux aussi parmi les mercenaires. Les Arabes ont été vite reconnus à leur accent par le Hamas, lors du grand ramassage du 7 octobre. Enfin, il y a le cas de l'Espagnol qui avait même avancé le chiffre qu'il touche chaque semaine, pour tuer sans foi ni loi des Palestiniens désarmés. Tout ce monde obéit aux ordres des chefs de Tel-Aviv qui leur disent : « Tirez sur tout ce qui bouge, sans distinction ni de race ni de religion ».

Mais en sus de l'armée active, il y a les 360 mille soldats de réserve qui sont autant coûteux pour le budget de guerre.

Il y a enfin l'armée de mercenaires la plus redoutable, celle des espions qui sont recrutés partout dans le monde. Ils constituent l'œil de l'Etat sioniste qui nous surveille là où on ne le soupçonne pas de nous observer. Il suffit de suivre le discours des chefs de guerre israéliens qui disent à chaque fois qu'ils vont suivre à la trace les chefs du Hamas pour les liquider où qu'ils se trouvent. Puis il y a eu l'avertissement de la Turquie, membre du Nato, qui a mis au-devant la souveraineté de l'Etat. Des cas concrets seront confirmés dans la suite de ce récit. Mais il est de notoriété publique que le pays qui dispose de bons espions est le plus redoutable sur la scène militaro-diplomatique.

Si on revient au tout début, au matin du 7 octobre, l'on se rend compte que le Hamas avait réussi son coup de maître, en donnant un coup terrible aux services de renseignements israéliens qui n'ont rien vu venir mais qui ont, en sus, perdu leurs archives. Sur cet aspect de la guerre, on peut dire que le Hamas avait gagné la guerre avant même son commencement. La guerre est d'abord la guerre du renseignement. Quand Israël a frappé les avions arabes au sol, en 1967, il s'est appuyé sur le renseignement qu'ont fourni certains responsables arabes, comme au temps des Croisades lorsque les émirs musulmans s'alliaient avec les Franjs pour se venger de leurs concurrents, de leurs frères de sang. Cela a duré quatre siècles.

A présent, on peut dire que le Hamas a gagné la guerre dès le premier jour, comme l'ont gagné les Israéliens dès le premier jour en 1967. On assiste désormais aux interminables disputes au sein de la hiérarchie militaro-politique de Tel-Aviv où les uns et les autres se soupçonnent d'avoir failli et d'avoir perdu le contrôle de cette guerre, en essayant de se reprendre par les tueries massives qui ont fait ou vont faire de cette entité sioniste un nazisme nouveau, encore plus farouche que celui que dirigeait la Gestapo.

La guerre, par mercenaires interposés, ne fait pas exception à la règle. On l'a vu avec le feuilleton Wagner mais moins visible de l'autre côté où l'0ccident avait payé rubis sur ongles le recrutement de mercenaires pour combattre aux côtés de Kiev. Mais l'essentiel reste dans l'espionnage. On le voit, ces jours-ci, dans les attentats ciblés en Syrie, au Liban ou en Iran ; la guerre est toujours la même. L'ennemi surveille chaque mouvement de ses cibles potentielles. Comme on le verra avec le cas Al

Arouri. Il avait quitté l'appartement où il s'est fait abattre depuis un bon moment. Au moment précis où il y est revenu pour tenir une réunion avec son staff de Beyrouth, il s'est fait prendre par le biais d'un drone dirigé.

On pourrait dire que le jour où les Arabes auront commencé à constituer leurs armées d'espions aguerris, le compte à rebours de l'entité sioniste aura commencé dans la région du Moyen-Orient.

Sur le front, l'armée ennemie continue de subir des pertes. Le 20 décembre, 7 mercenaires ukrainiens sont tués, parmi les 17 soldats autres, par les brigades Al Qassam à Choudjaïa. Le jour suivant, le Hizbollah frappe un attroupement de soldats israéliens à Shamoura, près des frontières libanaises, avec des tirs croisés de missiles et d'artillerie, en causant de grands dégâts dans les troupes ennemies. Il a détruit 86 bâtiments parmi les 155 de la colonie Al Manoura. Depuis, les colons ont quitté leurs demeures proches du Liban, pour nicher ailleurs pendant le temps que durera la guerre. Mais Netanyahu et ses pairs promettent à chaque occasion de la poursuivre jusqu'à l'élimination du Hamas, tout en sachant qu'il s'agit d'un vœu pieux qui ne se réalisera jamais, quitte à tuer tous leurs chefs. Il y aura d'autres qui vont reprendre le flambeau et seront plus farouches tant que la colonisation de leurs terres n'aura pas été abandonnée.

Sur le front interne, selon Abou Obeïda, le nombre de chars et d'engins de toutes sortes détruites, depuis le début du conflit, est de 740 unités. Si on multiplie ce chiffre par seulement trois millions de dollars l'unité, on aura un chiffre astronomique, auquel il faudra ajouter le prix de tout l'arsenal en avions et engins, armes et munitions envoyés par un pont aérien et un autre maritime au fil des jours, des chiffres qui grèvent le budget de l'année 2024, pour les USA et Israéliens réunis. On laisse le soin au lecteur de faire le décompte.

L'économie israélienne est mise à genoux à cause de cette guerre inutile. Les sionistes auraient pu laisser les civils tranquilles, au lieu de les bombarder nuit et jour, depuis près de trois mois, sans répit, en détruisant hôpitaux, mosquées, immeubles, écoles, églises, routes, engins, etc. avec des bombes très coûteuses, fournies par les USA. Eux n'arrivent pas à payer leurs mercenaires qui se retourneront eux contre comme l'ont fait les chefs de Wagner contre Poutine.

Les sirènes retentissent à Chtoula, Zarit, enfin sur tout le cercle de Gaza, suite à l'envoi de missiles en territoire ennemi. Le Croissant rouge annonce le kidnapping de femmes par l'armée ennemie du centre de soins de Djabalia. A l'hôpital Indonésie : c'est le désastre ; les corps gisent encore sur le sol après le retrait des chars. Israël dit avoir terminé son opération d' « épuration ethnique », aux alentours de l'Indonésie. Même spectacle à Khan Younes, où l'on compte 390 morts et 734 blessés dans la vieille ville après le retrait des blindés. Aucune maison n'a été épargnée du désastre. Un fort tremblement de terre n'aurait pas fait mieux. À la suite de ces deux carnages, CNN fait état de bombes d'un poids d'une tonne chacune pour réaliser un tel massacre. Un soldat ennemi est blessé par accident de véhicule, annonce-t-on en guise d'équilibre des pertes. Un drone est abattu dans le cercle de Gaza. Après avoir tergiversé, Netanyahu rejette « avec force » le retour de l'Autorité palestinienne à Gaza. Il propose, dans la foulée, la colonisation de Gaza. Biden est sous le choc pendant que Kerby appelle à plus de retenue, sans pouvoir leur dicter une ligne de conduite. La Chine dénonce la création de nouvelles colonies à Gaza.

Des familles ont été décapitées et tout le service de santé a été détruit à Djébalia. On compte, côté ennemi, un officier et un soldat tués et quelques blessés. Au Sud Liban, Israël dit avoir touché des sites militaires du Hizbollah. Radio Israël annonce l'envoi de 24 missiles sur ces sites. La Chaine estime qu'Israël a besoin de permission internationale, surtout américaine, pour engager la guerre totale contre le Liban. Le Hizbollah riposte, en ciblant des soldats à l'intérieur de la caserne Manara et fait au moins 23 morts. 5000 obus sont envoyés du côté ennemi sur le sud Liban. La Maison Blanche aurait donné son quitus pour les frappes sur les villes. En mer Rouge, Bloomberg ne compte pas moins de 180 navires qui ont changé de direction, suite aux injonctions des Houthis.

A Djabalia, une association de jeunes Chrétiens est détruite. Une voiture est frappée de plein fouet par un drone ; l'image montre des corps calcinés à l'intérieur. Une autre image montre un charriot détruit, avec au moins six corps éjectés ... plus loin celui d'un enfant puis d'autres corps qui jonchent le sol.

Abou Obeïda martèle : « Pas d'échange d'otages sans l'arrêt total des combats ». Al Qassam fait état de 4 soldats ennemis tués. Les armes les plus sophistiquées ont été utilisées à Djabalia, pour réaliser le résultat exposé.

Olmert (ancien PM israélien) estime que « Netanyahu n'a rien réalisé, il fuit les problèmes internes en accumulant défaite sur défaite ». A l'ONU, le vote du CS sur la résolution relative aux aides est reporté sine die.

Le FBI a examiné 1800 dossiers sur les défis internes et ouvert 100 enquêtes, pour parer à toute éventualité. On ne sait s'ils ont un lien avec le 7 octobre, quand on tient compte des liens étroits USA-Israël et le centre d'espionnage ORI, dans le cercle de Gaza, qui aurait été secoué. La plus grande crainte vient des mouches séparées qui ciblent les personnalités politiques et membres de gouvernements dans le monde arabo-musulman.

Al Qassam annonce avoir frappé de plein fouet une troupe ennemie et tué 5 soldats. Comme déjà indiqué, du côté ennemi, les chiffres des pertes sont communiqués au compte-gouttes, par le filtre du bureau spécial, pour ne pas affecter le moral des troupes. Par presse interposée, on annonce le chiffre de 3000 soldats handicapés par le poids de la guerre, qui souffrent de maux psychiques.

Au Conseil de Sécurité de l'ONU, c'est la débandade. On assiste au jeu du chat et de la souris entre la représentante des USA et celui de la Russie qui a introduit une clause au projet de résolution sur les aides, aussitôt rejetée par la bronzée US qui a usé du droit de veto, avec une grimace du bout des lèvres. Mais elle a laissé passer la résolution présentée par celle des Emirats qui est allée serrer dans ses bras celle de Grande Bretagne qui s'est abstenue de voter. La résolution n'a pas été appliquée 20 jours plus tard parce qu'Israël se considère au-dessus du droit international et de ce qui en découle. Ainsi vont les choses quand une entité infime se prend pour le centre du monde.

Olmert revient à la charge : « Il faut arrêter le conflit ». Barak (un autre ancien PM) : « Il faut renvoyer Netanyahu et Gallant chez eux ». Un soldat ennemi est tué au sud Liban. La Maison Blanche envoie des lettres au Liban et Israël pour éviter l'implosion.

Guteres : « Ce qui s'est produit à Gaza n'a jamais été vu avant. Il faut faire cesser la guerre ». Israël : « Nous allons revoir le sujet des aides humanitaires, pour raisons sécuritaires ».

Côté Mer Rouge, un responsable américain dit : « Nous surveillons de près l'évolution de la situation ». La résistance irakienne, frappe par drone la centrale de distribution de gaz Karich, une centrale stratégique pour Israël, en Méditerranée.

La Chaine 13 rapporte que des milliers de soldats réservistes vont être libérés. Dorénavant, il faudra compter sur les mercenaires qui conduisent une guerre de la « 6ème colonne », connue jadis pendant la décolonisation de l'Algérie. C'est-à-dire que la guerre est devenue un métier pour les sans-emplois et les barbouzes.

Agence d'information israélienne : « Yahia Sinouar doit avoir une nouvelle stratégie au cas où la guerre se prolongerait ».

A Hay Rimel, au centre de Gaza, on assiste au déluge. Beaucoup d'enfants sont tués à la maison Al Maghazi. A Khan Younes, on fait le décompte d'au moins 32 morts parmi les civils, dont une majorité de femmes et d'enfants.

Canal 11 : « L'armée se prépare à l'arrêt de l'offensive terrestre dans quelques semaines ». Haaretz : « L'armée se prépare au jour-après » qui va devenir un slogan chez les maîtres de Tel-Aviv qui vont l'utiliser à dessein pour atténuer leur peine.

Mohamed Dif fait son apparition dans une vidéo du Shabak. Ce n'est plus le jeune baroudeur qui ne payait pas de mine. Il a de l'allure et paraît mature dans ses gestes. Il est considéré comme le numéro deux des chefs d'opérations des brigades du Hamas.

Les proches de Netanyahu avancent l'idée de débattre de la réduction des effectifs des réservistes, à la Knesset, pour éviter un retrait de confiance.

Reporters sans frontières (RSF) compte saisir la Cour pénale internationale (CPI) pour les assassinats de journalistes. Israël compte opérer un changement démographique à Gaza. L'adjoint du chef du Harras Thaouri iranien claironne : « Attendez-vous à la fermeture de la Méditerranée jusqu'à Gibraltar. Ces évolutions ont dévoilé la nature des Américains (…) attendez-vous à la fermeture des passages vers les mers ».

Quatre martyrs sont tombés à El Bridj, suite à l'incursion de 18 blindés ennemis au centre de Djenine, où la soldatesque a opéré beaucoup d'arrestations avant de se retirer. Ramy Abouchi a été exécuté de sang-froid, selon ses proches, qui ont répertorié 14 coups de feu après irruption dans sa maison et diffusé une vidéo de cette invasion.

L'association des détenus palestiniens appelle à une commission d'enquête internationale dans les prisons israéliennes où les détenus sont torturés et tués de sang-froid.   Haaretz : « Des centaines de milliers de réservistes seront relâchés, en troisième phase de la guerre ».

Aux USA, on assiste à la multiplication d'actes antisémites contre les Musulmans, en insultes, provocations, des coups de feu parfois, des frappes à l'arme blanche, des renvois de leurs postes de travail…

A Kafar Azza, cercle de Gaza, on assiste à des frappes de missiles. A Tel Azaatar, la déflagration d'une bombe a été tellement ressentie que certains ont pensé à l'explosion d'une bombe atomique. Au Boulevard Salah Eddine, les frappes par obus et bombes sont dirigées dans tous les sens. Il y a une intention claire de déplacer les habitants de Gaza du centre vers le sud. L'Unrwa ne le cache pas : « Israël a ordonné aux gens d'aller vers le sud ».

Al Qassam révèle qu'il a frappé beaucoup de soldats ennemis près de Djabalia et détruit 5 engins. Saraya El Qods montre des images de tirs sur cibles ennemies. Des affrontements ont lieu également en Cisjordanie, entre soldats et jeunes Palestiniens irrités par leurs brusqueries répétitives.

Le président iranien, Ibrahim Raïssi, s'interroge sur le pourquoi de cette grande injustice qui frappe un peuple, mis sous un blocus infernal : « Pourquoi ces exterminations massives, ces destructions pendant que l'USA et l'Occident, les ONG qui ont l'habitude de dénoncer l'atteinte aux droits de l'Homme ne font rien ? (…) La cause palestinienne mérite un retour en arrière à 1948, quand les Palestiniens ont été chassés de leur terre (…) La solution du problème est de mettre fin au colonialisme. Le colon doit partir même s'il est resté 75 ans sur une terre qui ne lui appartient pas (…) les mains des USA et de l'UE sont tachées de sang jusqu'aux coudes. Les USA doivent être punis ; Israël doit être puni devant les institutions internationales pour génocide d'un peuple. 7000 enfants ont été tués. Pourquoi ? Sachez seulement que Dieu va les venger ».

Le Times commente la suite des événements : « La prochaine bataille de Netanyahu sera : comment sauver sa peau ». Car le Hamas a prouvé sa combativité. Haaretz s'y met : « La dernière bataille n'a donné aucun résultat ». The Times of Israël : « Nous avons besoin d'une armée plus forte ». Face à ce déluge de critiques, l'armée sioniste a interdit aux médias de donner des détails sur le déroulement de la guerre, sans recourir à l'avis du bureau de censure militaire. Comme on a interdit à la presse étrangère de couvrir les événements de l'intérieur. Ceux qui couvrent la guerre sont des Palestiniens qui travaillent généralement pour les médias arabes. Mais ils constituent une cible potentielle pour l'armée sioniste, qui a tué 107 journalistes, de manière directe, sans le cacher et sans s'excuser. Il y a comme l'intention de fouler du pied toutes les lois, en allant au-delà de ce qu'avait fait Hitler en son temps. Ce dernier n'avait pas ciblé les enfants en particulier. Il ne leur avait pas cassé les os, ni arraché leurs organes vitaux pour les revendre.

Al Qassam annonce la mort de 5 otages, par des balles amies, dont les 3 qui ont lancé, tout récemment, un appel à leurs autorités pour les libérer. Comme on annonce la mort de 14 militaires ennemis dont des officiers, en un seul jour, et deux chars Mirkava détruits par des missiles Yassine 105.

Dans les hôpitaux israéliens, aucune image sur les morts et blessés n'a filtré. On voit seulement les hélicoptères en train de les évacuer après la fin des combats.

Des blindés tirent sur le sud Liban. Le Hizbollah riposte et annonce avoir touché des cibles potentielles. En Mer Rouge, un missile lancé par les Houthis a touché un navire américain près de Bab El Mendeb. L'Iran qu'on accuse de fournir des armes aux résistants du Yémen, répond : « Je ne joue pas au pompier dans la région. La raison de leur combat se situerait dans l'agression contre Gaza ». Le ministre de la défense britannique tonne : « Les attaques des Houthis constituent une menace pour le commerce international. Nous ne permettons pas qu'une partie maritime soit interdite. Nous serons contraints à affronter ces attaques (…) Nous serons la partie centrale pour contrer ces attaques qui menacent la sécurité maritime ».

Israël annonce : « Nous sommes prêts pour l'échange d'otages ». Après avoir eu Biden au téléphone, Netanyahu montre patte blanche, avec un nouveau mensonge. Il n'a jamais pris le sujet des otages au sérieux, l'inhumanité est dans ses gênes et de ceux des Sionistes, de manière générale. Cela fait partie de leurs fondements mêmes.

Israël veut à tout prix faire incursion à Djabalia, cette forteresse imprenable, mais les tentatives restent vaines. The Wall Street Journal relève que « la résistance palestinienne est farouche ». L'ancien chef d'Etat-major de l'armée sioniste souligne que « le problème est l'absence d'une vision claire sur ce qu'ils veulent faire à Gaza car l'extermination du Hamas, comme ils le prétendent, ne l'explique pas ; une guerre sans objectifs est dramatique (…) Résultat : 189 officiers et soldats tués, selon leurs chiffres, (485 depuis le 7octobre-NDA), la poursuite de la guerre s'avère impossible, avec un gouvernement impuissant, sans objectifs. Ce sera une défaite même s'ils tuent Sinouar ». Le Hamas a gagné la guerre, depuis le jour où il leur avait dit : « C'est moi qui décide ». L'ancien chef de l'EM insiste : « Il faut un accord avec Hamas et personne d'autre (…) nous ne disons pas la vérité au peuple et nous ne pourrons pas éliminer le Hizbollah, le bureau de censure interdit aux médias la diffusion d'informations sur les combats. Cela prouve que les colons ne reviendront plus à leurs maisons proches des frontières avec le Liban ».

Beit Lahya fête Christmas à la palestinienne, aux feux d'artifices, pardon ! feux de missiles au-dessus de Tel-Aviv. Ils hissent haut le drapeau palestinien avec la carte complète de Palestine, sans la saignée de 1948, ni celle de 1967, ni celle que veut dessiner Netanyahu avec le sang impur des mercenaires et des Sionistes de tout bois. L'ancien chef d'EM israélien conclut : « Il faudra créer une cour spéciale pour Gaza. Nous avons prouvé notre faiblesse. Même si nous gagnons cette guerre, avec le soutien américain, elle sera fragile comme victoire ». Netanyahu parle de « grands sacrifices », dans cette guerre ridicule.

L'Iran annonce la fabrication d'armes nouvelles dont des missiles à longue portée, dépassant les 1000 km. Al Qassam annonce la mort de 14 soldats ennemis dont les trois otages tués par l'armée sioniste. Biden serait partant pour la poursuite de la guerre, selon Netanyahu. Mais qui sait ? Il disait qu'il manipule les Américains, selon ses phobies. A El Aghouar, les nomades bédouins sont agressés par les militaires qui ont détruit leurs tentes et les ont chassés hors des frontières des colonies.

Quatre drones ont été détruits au-dessus de la Mer Rouge, selon les Américains. Djabalia subit un déluge de feu, par blindés, artillerie, bombes, hélicoptères interposés. Un nuage de fumée noire enveloppe l'aire de combat. Il s'agit de la poche de résistance la plus farouche, depuis le début de l'offensive terrestre. L'ennemi dit coordonner leurs frappes contre la résistance. On verra !

A Toul Karam, l'artillerie et l'arme lourde sont utilisées contre des civils désarmés. Des frappes ont lieu à Labouna et Itroun près de la frontière avec le Liban.

Cette fois-ci, le Pentagone pousse le bouchon plus loin en annonçant : « Des drones ont été envoyés de l'Iran sur un transporteur de produits chimiques, au sud de l'Inde ». L'Iran : « Les actions des Houthis s'expliquent par l'action américaine sur Gaza ».

En guise de discours mielleux, à la Blinken, la Chaine 12 indique qu'Israël dit vouloir pacifier le nord de Gaza pour distribuer des aides aux Palestiniens, sous blocus. C'est du déjà vu, quand les Français ont instauré les SAS pour isoler le peuple des combattants de l'ALN en distribuant les aides aux indigences pendant les dernières années de la guerre de libération en Algérie.

Le Hizbollah annonce avoir tiré sur trois positions ennemies. Les sirènes résonnent à Naroun et Ififine. Une maison est détruite à Al Khalif.

Arrivent des enfants blessés à l'hôpital El Qods. Un enfant de moins de dix ans est tué par des tirs d'un véhicule, sans aucune raison, à El Khalil. Al Qassam annonce un blindé détruit et un soldat tué ; un Palestinien est tué par drone. Les images d'apocalypse sont montrées, après le retrait des forces ennemies de Hay Zeitoun.

Deux drones explosent tout près de deux navires à Bab El Mendeb. Un navire israélien, chargé de produits chimiques, venant d'Arabie Saoudite, est touché au sud de l'Inde.

Les manifestations de soutien au peuple palestinien reprennent à Rabat, Ankara et Istanbul. Une école est détruite à Djabalia. Beaucoup de corps éjectés par les bombes jonchent la surface de l'aire défoncée, aux entrailles tirées, comme du ventre d'une terre exsangue. La résistance a toutefois réalisé des coups : 6 soldats ennemis tués dans une explosion à Djohr Eddik. Netanyahu pleurniche : « Nous payons un lourd tribut ». Les journalistes paient eux aussi leur « lourd tribut » ; deux parmi eux viennent de tomber, en élevant le nombre à 103 journalistes assassinés par l'armée sioniste, pour les empêcher de rapporter des témoignages vivants de l'incurie.

Les images montrent des soldats qui se regroupent au dernier étage d'une maison abandonnée. Ils descendent en pic d'une colline qui donne sur la bâtisse, Ils semblent être sur leurs gardes, en regardant à droite et à gauche, filles et garçons, comme s'ils allaient à la plage. Ils sont fixés en joue par le lanceur de missiles et hop ! Une déflagration de couleur jaunâtre puis des corps déchiquetés et des armes récupérés et la guerre se poursuit. Cela s'est passé ce matin à Djabalia, au centre, cette forteresse imprenable qui empêche Netanyahu et consorts de dormir.

Les familles des otages décident d'entreprendre une longue marche, de Tel-Aviv à Jérusalem, pour faire pression sur les chefs de guerre. La marche va durer cinq jours. Un responsable atténue le propos : « Nous avons réduit les frappes pour ne pas toucher les nôtres au sol et préserver les otages ». Un geste humanitaire à saluer, puisqu'ils savent qu'ils sont en train de tuer les leurs dans cette danse du ventre où les zombies ne voient que du rouge. Un autre reconnaît : « La prise de Khan Younes prendra des mois ».

Un accord vient d'être signé, de 21 millions de dollars, pour financer de nouvelles colonies. Dix soldats sont tués à Djohr Eddik. Il s'agirait de ceux qu'on avait vus en images. Six autres tombent dans une seconde embuscade. Netanyahu commente : « Malgré le prix payé pour éradiquer le Hamas, nous allons poursuivre la guerre (…) la décision nous la prenons seuls ». Les bombardements se poursuivent à Maghazi, au centre de Gaza. Un officier et des soldats sont tués dans des accrochages à Khan Younes. Au sud Liban, la guerre est en train de s'installer, le Hizbollah touche des points sensibles de l'armée ennemie au-delà de la frontière où les colonies se vident de leur population au fil des jours.

AL Qassam annonce la destruction de blindés et d'accrochages avec l'ennemi au Rafah. Abou Obeïda parle de plus de 35 blindés détruits, de 48 soldats tués et de beaucoup de blessés, dans 25 missions en 4 jours. Il s'agit désormais de guerre en nette évolution. Le chiffre officiel, donné par l'armée ennemie, parle de 15 soldats tués et 44 blessés. Ce qui suppose un chiffre beaucoup plus élevé, vue leur manière de gérer les infos relatives aux pertes, pour ne pas « affecter » le moral des troupes. Le guignol fait état de 5 corps d'otages retirés des tunnels et de 44 soldats touchés, dans les affrontements.

En Mer Rouge, deux missiles envoyés par des avions de reconnaissance, sur les Houthis, sont tombés près d'un navire gabonais et quatre drones de la Résistance auraient été détruits. Le Hizbollah tire sur des caméras ennemies près de la frontière, sans faire de dégâts. L'extension du conflit est évolutive dans tous les sens et risque de prendre si le conflit de Gaza perdure. Gaza est le nœud gordien de la guerre, même si les Yankees ne veulent pas le reconnaître, comme s'il s'agissait d'actions séparées.

Un nouveau drame a lieu à Maghazi, au centre de Gaza, où l'ennemi a fait 20 martyrs et des blessés en nombre. Les corps gisent encore sous la pluie sur les décombres. Les secours trouvent des difficultés à parvenir jusqu'à l'endroit du bombardement pour les secourir. La guerre est en train de s'orienter vers le pourrissement.

Saraya El Qods reviennent à la charge avec des tirs de missiles, en montrant des images de frappes. En Cisjordanie, il n'y a pas un jour qui passe sans enregistrer des morts ou blessés en différents endroits. Ces frappes entrent aussi dans le cadre du pourrissement. Cette partie clé du territoire palestinien, supposée être en paix, après les accords d'Oslo, s'est fait désarmer et subit, à présent, les colons armés et les soldats déchaînés qui prennent leur revanche sur les civils. Une explosion a eu lieu à Naplouse, suivie d'une incursion de la soldatesque à Berka qui empêche les familles de quitter leurs habitations et leur faire subir des interrogatoires poussés, sous la menace des armes. Un jeune est tué par tir rapproché et resté allongé sur le sol à saigner.

Une famille d'otages israéliens annonce : « Tous les otages vont être ramenés dans des cercueils. Il n'y a plus de doute ». Car l'histoire est en train de se répéter au fil des jours, en répétant à l'envi : « morts par balles amies »

Abou Obeïda annonce des frappes sur troupes ennemies à Hadjr Eddik, où 35 blindés et engins de transport ont été détruits. Au Sud Liban, des tirs ont eu lieu sur des positions militaires ennemies. Les Houthis du Yémen disent : « La Mer Rouge sera enflammée. Les Américains seront la cause de tous les incidents qui vont se produire. Toutes les issues resteront fermées. Tous les pays doivent en tenir compte ». L'Iran réplique : « Toutes les accusations qui nous sont destinées sont infondées ».

Les armes convoyées par les USA arrivent en Israël. 230 avions et 30 bateaux chargés d'armes et de munitions sont déjà arrivés. Et avec ça, Blinken viendra dans la région en qualité d'arbitre pour rencontrer les dupes et leur seriner n'importe quoi. Aux alentours de l'hôpital Al Aqsa, où règne une kermesse exsangue, on note mort de deux soldats ennemis, par des tirs de la résistance. Les chiffres ont monté à 489 soldats et officiers tués depuis le début du conflit, selon les chiffres officiellement filtrés.

L'aviation israélienne frappe avec force au sud Liban, à Aïta Echaab et près de la colonie Saassa'a. Chaine 12 rapporte : Coup dur à Haïfa, où une voiture a explosé. A Bourga, près de Naplouse, explosions et arrestations de civils. La résistance riposte au camp Balata, s'ensuivent 20 arrestations à Berka. La montagne à côté est en flammes, à la suite des explosions.

Al Qassam annonce avoir frappé l'ennemi à Khan Younes avec des Hawn 60. Les hélicoptères emmènent leurs morts et blessés vers l'Hôpital Soroka, à Bir Sbaa. Un carnage a lieu à Nousaïrat, au centre de Gaza. Un autre a eu lieu hier à côté à Maghazi. Mêmes scènes et même atmosphère de désolation ; des parents pleurent leurs enfants morts par éclats d'obus ou de déflagrations de bombes. Une femme dit avec calme : « Nous y resterons, c'est la terre de nos parents et de nos aïeuls (…) Dieu merci, ils l'ont égorgé. Mon fils est un martyr. Ne le pleurez pas. C'est mon fils…j'en suis si fière ». Une centaine de corps alignés attendent leur levée, leur retour, leur rendez-vous avec l'Eternel. Tout le reste n'est que vie à trépas. Le ressentent-ils, ces barbares qui boivent le sang des enfants innocents ? Une autre lève son bébé vers le ciel. Malgré les armes, elle est aux anges. Elle rit de l'exploit de son enfant qui a eu cette chance inouïe d'aller droit au paradis…Les sirènes retentissent à Raïm, dans le cercle de Gaza. Ils doivent avoir très peur là-bas où ils tiennent à la vie.

A El Bridj et Maghazi, au centre de Gaza, les bombardements ont fait 70 martyrs dont la plupart sont des enfants. Les corps dans des draps blancs, sont alignés dans la cour de l'hôpital Al Aqsa. Le Croissant rouge déclare : « Le nombre des victimes est impressionnant. Les secours sont très limités ». Les affrontements se poursuivent à Djabalia ; les hélicoptères larguent des bombes. La résistance fait sauter les blindés avec leurs équipes à bord. Le Chiffre officiel est de 17 soldats tués auxquels il faudra ajouter les deux tombés hier. Le décompte s'est élevé à 27 en 24 heures, côté ennemi. Un ancien chef du Mossad, dit : « Les objectifs fixés sont irréalistes. Il vaudrait mieux négocier l'affaire de otages ». Au lieu de les tuer à chaque tentative de faire semblant de les libérer.

Chaine 13 rapporte l'explosion forte d'une voiture, près d'un attroupement, à Khan Younes. Plus de 120 martyrs sont enregistrés au nord et sud de Gaza. El Djihad commente : « La déclaration de Biden de ne plus demander l'arrêt du conflit prouve que c'est lui qui conduit la guerre ». Le MAE israélien : « J'ai donné ordre de ne pas toucher la maison du diplomate français mais ils ont refusé de m'écouter, à cause des positions à l'ONU ».

L'armée sioniste dit avoir frappé des positions du Hizbollah. La guerre au sud Liban évolue à grands pas. Au Kurdistan irakien, un drone est tombé sur l'aéroport international d'Irbil.

Iran : « Les Américains ne sont pas qualifiés pour nous adresser des reproches. Nous sommes partie prenante de la sécurité maritime dans la région ».

Des morts et blessés tombent à l'hôpital Al Amadani et Al Ahli... Hamas annonce : « Nous appelons la Cour pénale à agir tout de suite pour engager des poursuites contre ces criminels ».

Al Qassam : « Nous avons frappé avec force l'ennemi à Khan Younes ». Saraya El Qods : « Nous avons attaqué des attroupements ennemis à rue Baghdadi ».

Le procès de Netanyahu est reporté pour la quatrième fois consécutive. Des bombardements ont lieu à l'hôpital Européen, avec un bilan de 10 martyrs. Au sud Liban, quatre missiles touchent un groupe de soldats ennemis, annonce le Hizbollah.

Netanyahu clame devant la Knesset : « Nous n'arrêterons pas la guerre ». Les familles des otages, présentes en retrait dans le parlement, se mettent à crier. Il reprend : « Nous ne l'arrêterons qu'après la victoire ». Lapid, le chef de l'opposition : « La priorité est au retour des otages. Nous payerons le prix qu'il faudra ». Mais au même moment les carnages se poursuivent. A 25 depuis hier, avec un bilan de 250 martyrs. Une femme est morte à Naplouse quand des soldats ont tenté de la violer. Elle a défendu son honneur avec bravoure. Un conseiller militaire israélien est mort dans des affrontements avec la résistance. Une frappe israélienne est enregistrée dans la périphérie de Damas. Des blindés attaquent des positions du Hizbollah au sud Liban. Comme on le voit, le conflit se développe dans tous les sens, au 80ème jour du conflit.

Le Djihad Islamy s'interroge sur le silence de la Cour internationale de justice. Un blocus intenable est imposé autour de Berka, à Naplouse. Beaucoup d'arrestations sauvages sont opérées dans ce village, selon des témoins interdits de sortie de leurs habitations. Le Hizbollah cause morts et blessés dans une attaque à Hanita, en réaction aux atteintes de civils.

Netanyahu demande l'aide de la Chine et la Russie pour libérer les otages. Le ministre de la défense

Houthi proclame : « Il n'y aucune ligne rouge devant nous. Et toutes les voies de riposte sont ouvertes ».

Israël vient de franchir le pas, en ciblant par drone un officier représentant du Haras Thaouri iranien à Damas. Il s'agit de Radi Moussaoui, ami de Kassem Slimani, ancien chef des Brigades El Qods ; le moment est mal choisi mais l'Etat sioniste a pris la mauvaise habitude de mettre les USA dans une mauvaise situation, en les poussant dans l'impasse qu'ils tiennent à éviter. Il faut rappeler que lors de son retrait d'Afghanistan, Biden, au tout début de son mandat, avait donné le coût quotidien de la présence de l'armée américaine à Kaboul. Puis il y a eu la guerre de l'Ukraine, toujours en cours, qui a été coûteuse pour les Américains, suivie par celle-ci qui a déjà avalé quelque 14 milliards de dollars sans rien réaliser sur le terrain. Si les choses évoluent de cette manière, les USA courent vers une crise économique majeure qui les mettait dans une mauvaise situation. Les Israéliens se croient tout permis, tant que les lobbies soutiennent cette guerre ridicule et cruelle envers les Palestiniens, avec l'arrière-pensée de les faire sortir de leur terre. L'Amérique ne s'engagera pas dans une nouvelle guerre, appelée à évoluer très vite dans un Moyen-Orient, fumant sa pipe, en attendant le pire.

En assassinant Moussaoui, qui a mis en deuil Téhéran, les sionistes se sont mis à un jeu dangereux qui entraînera des répercussions certaines sur les nouveaux enjeux dans la région. Une chose est cependant certaine : après l'Afghanistan, l'Irak, la Syrie (destruction des fondements de ce pays allié à l'Iran et Russie) puis l'Ukraine, les Américains n'entreront dans aucune guerre, quelles que soient les sollicitations et les pressions des lobbies qui financent les élections présidentielles qui donnent accès à la Maison Blanche, d'autant que Biden ne diffère pas beaucoup de Trump dans cette approche guerrière.

Pour le moment, l'Iran prend son mal en patience, en attendant le moment propice pour donner la réponse qui convient ou en armant les résistances de la région pour exercer plus de pression sur Tel-Aviv. Le choix du procédé des assassinats ciblés de têtes pensantes de ses ennemis farouches aura son prix à payer.

Pour le moment, le double-discours véhiculé par Blinken n'est pas convainquant, comme s'il disait aux gens de la région : laissez-nous faire l'élection puis on verra.

Les Houthis tonnent : « Nous avons la charge géostratégique sur Bab El Mendeb ». Le Hizbollah a bien reçu le message. Le Hamas n'a pas répondu. La Syrie peut répondre mais avec la coordination de ses alliés, par la ceinture du Golan. Enfin, tous les ingrédients sont réunis pour une guerre certaine mais personne ne veut s'engager le premier. Mais Israël veut à tout prix engager ses alliés dans un conflit durable qui lui accorderait la survie dans la région. Un calcul trop étroit, en somme, si on tient compte de la situation économique et géopolitique dans un monde boiteux, dans tous les domaines : démocratique, sanitaire, climatique, sécuritaire ou bancaire. Car le bras de fer, sur le plan institutionnel, avec la Russie, la Chine et couronné par le Brics qui mettrait le dollar dans une situation délicate et entraînerait tout dans sa chute. A voir.

Ce petit pays qui se revendique comme seul pays démocratique dans la région est piégé par l'entêtement de ceux qui le gouvernent. Depuis le début du conflit, ils répètent à l'envi les mêmes mots, comme lorsque nous aurons « éradiqué » Hamas ou « libéré les otages », alors qu'ils savent qu'ils n'ont pas avancé d'un pouce. Ils ont prouvé que leur pays s'est constitué, selon le livre de Josué, sur une idéologie raciste, haineuse, religieuse en apparence, fondamentalement athée, extrémiste et génocidaire dans les faits. Le crime et la destruction constituent leur raison d'être. Le monde entier en est témoin. Lorsqu'un soldat tue un enfant ou détruit une mosquée, en guise de cadeau à ses enfants, on se rend compte du cannibalisme de cette barbarie qui remonte aux temps anciens.

Tous les faits « de guerre » qu'on a rapportés depuis le début du récit et de ce qui va suivre militent pour cette cause, celle de détruire autrui, sous couverture religieuse.

Après la destruction de l'hôpital Chifa et le nombre de morts allongés sur le sol, en empêchant leurs familles de les porter vers le cimetière, ils ont fini par creuser des fosses communes pour les y enterrer. A Maghazi, une famille a été contrainte d'enterrer ses morts dans la cour de la maison, sous la menace des armes.

Face aux frappes du Hizbollah qui veut briser l'embargo auquel sont soumis les Palestiniens depuis le début du conflit, les sionistes disent : « Nous faisons l'effort de ramener les choses là où elles étaient le 6 octobre » ; c'est-à-dire à la veille de début du conflit.

Al Qassam surprend une patrouille ennemie à Khan Younes et fait monter les chiffres à 27 soldats, tués en deux jours (vendredi et samedi), selon les chiffres « officiels ». En Irak, la résistance kidnappe un Saoudien et un Koweitien à El Anbar, qui seraient entrés par le passage Abdelli, il y a cinq jours. Cette action s'expliquerait par la léthargie arabe, un monde à part qui joue à la normalisation, au lieu de faire l'effort en élevant la voix afin de faire cesser le génocide.

À la suite de l'assassinat de l'officier Moussaoui du Haras Thawri, à Damas, le Jérusalem-Post s'attend à une riposte, selon un « responsable iranien ». L'Iran, qui a évité d'entrer dans le conflit, semble contraint d'accepter le défi. L'arrière-pensée des Israéliens à pousser vers l'escalade, en entraînant les Américains avec eux, est en nette évolution. Mais entrer en guerre en période électorale n'est pas du tout une approche réaliste. Tel-Aviv mise sur l'extension du conflit, tout en gardant à l'esprit les contraintes des lobbies à y pousser l'Amérique. Mais l'appel pressant à une guerre dont Biden n'en veut pas pourrait faire de Netanyahu un second Zelensky.

En Cisjordanie, des colons ont attaqué des Palestiniens, les ont fait sortir de leurs maisons, ont détruit leurs camps, arraché les arbres et tué leur bétail, avant de les contraindre à quitter les lieux.

Le ministre de la Défense des Houthis rassure les compagnies de navigation de tous les pays, exception faite des navires ennemis qui ont rejoint l'alliance conduite par les Américains. Le porte-parole iranien n'y va pas par quatre chemins : « Les Américains n'ont pas la qualité de nous adresser des accusations. C'est de la tartufferie tout ça ».

A Cheik Redouane, les soldats ennemis ont exécuté de sang-froid six personnes, en tirant à bout portant sur la foule, vendredi, pour les faire disperser un jour de prière.

La chaine 12 rapporte la destitution du chef du bataillon Goulam, « pour avoir exposé ses soldats au danger à Choudjaïa ». Selon les médias israéliens, Netanyahu aurait dit devant les militants du Likoud : « Nous allons passer au déplacement des habitants de Gaza vers d'autres pays arabes. On est en train de chercher le pays qui les accueillerait comme fugitifs ».

Al Qassam annonce, images à l'appui, des frappes par missiles contre une troupe ennemie de 40 soldats, cloisonnés dans une maison, et fait beaucoup de morts et de blessés.

Sur la zone frontalière, appelée Philadelphie, Israël demande à l'Egypte de reculer, sur la base d'une clause des Accords de David de 1979. Cette mésentente est appelée à prendre de l'ampleur dans les jours à venir. L'Egypte qui avait organisé un grand défilé, quelques jours seulement après le début du conflit, semble être sur ses gardes parce qu'elle a gardé le sens de la mise en alerte depuis le coup de juin 1967, quand l'ennemi avait détruit tous les avions au sol, avant même le début des combats.

Le Pentagone annonce avoir frappé trois positions du Hizbollah irakien. Netanyahu interdit aux chefs du Mossad et du Shabak d'adresser la parole à Gallant sur le sujet des otages.

L'Organisation mondiale de la santé (OMS) dit détenir des informations relatives aux frappes sur Maghazi qu'elle qualifie de « catastrophiques ». Qu'elle les remette au procureur de la Cour internationale de justice qui va ouvrir le dossier très prochainement, semble dire la partie israélienne qui se soucie peu des douleurs des Palestiniens.

Voilà la réponse du MAE israélien, en guise de respect aux institutions internationales qui veillent sur l'ambiance de ce monde : « J'ai donné ordre de ne pas délivrer de visa à un membre de l'ONU ». Si on fait un flash-back, on peut revoir le film de Guteres qui avait tenu sa conférence de presse devant le passage du Rafah, dans la nature, faute de visa pour passer de l'autre côté, pour constater les effets du carnage.

Des images montrent des corps de soldats arrachés des décombres, suite à des frappes farouches de la résistance. Un soldat israélien serait contaminé par un virus, à Gaza. Suite à la coupure d'électricité en Israël, on tente d'expliquer qu'il s'agit d'une panne et non pas de frappe sur la station qui alimente Israël en électricité.

La situation au nord est sujette à un dépérissement à cause de la folie meurtrière des colons qui agissent en barbares contre les Palestiniens isolés. Par la force des armes que continue de leur fournir Netanyahu, ils agissent comme le dicte leur folie revancharde, en foulant du pied toutes les lois. Ils rajoutent la pression au gouvernement qui vit sur la braise parce qu'il ne connaît pas l'ampleur de la riposte iranienne à l'assassinat de Moussaoui.

Depuis les attaques surprises de la résistance palestinienne, le décompte est monté à 24 soldats, en 24 heures seulement. Un officier parachutiste israélien s'est réveillé, après un cauchemar, dans un moment de folie et s'est mis à tirer sur la soldatesque qui roupillait à ses côtés, blessant au moins une quarantaine de soldats.

A Chamoura, au sud Liban, les soldats sont pris d'une panique bleue, suite à l'envoi de 80 missiles, par le Hizbollah, sur leur base de vie. En revanche, la résistance libanaise a perdu trois militants (deux frères et une femme) à Bent Ruiss. Israël dit avoir intercepté 6 drones venant du nord.

Même l'idée de réduire les effectifs du Hamas a échoué. Netanyahu devra penser à réduire ses propres effectifs, de quoi garder son argent de poche, parce que les caisses se vident de manière outrancière par cette guerre très coûteuse. Sans les Américains et les quelques farfelus européens, on ne sait ce que serait devenus Netanyahu et sa clique, qui s'amusent à tuer les Palestiniens à leur guise, comme dans un jeu vidéo.

L'Iran revient à la charge : « Israël ne vaincra pas. Et Biden doit laisser les Palestiniens décider de leur sort ». New York Times commente : « Même la tentative de réduire les effectifs du Hamas a échoué ».

Al Qassam : « Nous leur avons infligé une bonne raclée par des tirs d'artillerie », à El Bridj, centre de Gaza. Comme ils annoncent avoir détruit 7 blindés à Djabalia et un autre à El Bridj.

A Toul Karam, on assiste à un déluge de feu, par bombardements aériens et tirs de blindés interposés, détruisant bâtiments, routes, stations d'eau et d'électricité, tirs sur des ambulances transportant morts et blessés.

Les chiffres montent encore : 3 soldats ennemis tués et 44 blessés contre 30 martyrs, parmi les civils. Au comité de guerre, chamailleries entre chefs de guerre se poursuivent. Les échos sont odieux.

Le Hizbollah intensifie les combats, en tirant à coups de missiles sur Chamoura, Dhahira, Berkane, fermes Chabaa et Nakoura. Al Qassam a utilisé, pour la première fois, le missile RPO-A qui s'est avéré être d'une grande efficacité, dit-on.

A Khan Younes, on assiste encore aux scènes de désolation, de corps éparpillés partout sur les tas de roches et de gravats, des enfants morts, portés sur les bras par leurs parents au pas de course. 21 morts sont transportés à l'hôpital du Croissant rouge…Selon une déclaration faite au New York Times, par un ancien officier du Mossad : « Le Hamas n'a rien perdu de ses forces ». Une manière de dire : on ne détruit pas la résistance en tuant des civils désarmés. Cela s'appelle « Génocide », en langue latine.

Al Qassam annonce avoir détruit trois blindés à Cheikh Redouane. L'image est suivie par d'autres de morts de tous les âges. Saraya El Qods annoncent avoir tué 10 soldats ennemis dans un accrochage avec groupe ennemi, à Choudjaïa. Pas très loin, Al Qassam s'accroche avec le bataillon Goulani et diffuse des images des combats intensifs.

Le Chef d'Etat-major israélien annonce : « Nos forces sont prêtes pour la 4ème offensive ». Au total, 170 soldats sont morts depuis l'offensive terrestre et 492 depuis le 7 octobre et commis 26 carnages de civils en 24 heures.

L'Italie a exprimé des réserves sur la désignation du nouvel ambassadeur israélien à Rome. Beny Gamets annonce : « La guerre va se poursuivre » et promet le retour des colons dans leurs colonies. Douze soldats blessés atterrissent à l'hôpital Soroka.

Voilà quinze ans qu'ils disent en finir avec le Hamas mais la résistance est toujours là, flamboyante comme un astre qu'aucun mal ou projectile ne peut atteindre. Sinon comment expliquer le poids des tonnes de bombes les plus meurtrières qui dépassent celles d'Hiroshima et de Nagasaki réunies, sans faire frémir la résistance palestinienne, toujours plus combattive et plus défiante. Et Netayahu qui se prend pour le Pharaon, en poussant ses mercenaires à plus de bestialité contre un peuple désarmé. Puis il fait publier des images de soldats tirant sur des murs en gaspillant les balles américaines. Pendant que celles de la résistance montrent des destructions réelles de blindés qui s'enflamment comme de vieux torchons imbibés d'essence.

Puis le conflit s'étend encore et encore à d'autres contrées ; à Irbil en Irak où une base américaine est ciblée par un drone de la résistance, au Liban où le Hizbollah mène le combat pour briser l'étau autour de Gaza, ou encore en Mer Rouge où les Houthis ont bloqué la navigation commerciale ou en Syrie; tous ces hommes libres savent de quoi il s'agit, savent qu'une coalition occidentale est en train de mener une guerre, par l'intermédiaire d'une entité créée de toutes pièces pour s'excuser de la shoah qu'ils avaient fait subir à leurs ancêtres, pour faire main basse sur le pétrole de la région. Il n'y a pas d'autre explication. Les Juifs ont toujours été chassés par ces mêmes Occidentaux, à travers les âges, sans répit et sans pitié. Ils leur donnent une terre qui ne leur appartient pas. C'est cette réalité crue qui les gêne, en pointant du doigt un ennemi fictif, en se voilant la face pour se faire oublier, oublier la honte qui les poursuit, qui les poursuivra toujours tant que le contentieux n'ait pas été réglé. Le cas de l'Allemagne est flagrant.

Canal 12 fait état d'informations parvenues au Mossad sur les préparatifs de l'incursion du 7 octobre mais qui n'ont pas été transmises aux autorités politiques. C'est cette énigme qui mine les rapports au sommet de la hiérarchie qui a perdu la guerre face à une grappe de résistants déterminés.

Le Hizbollah vient d'utiliser pour la première fois le missile RPO-A, de fabrication russe. Il a incendié trois maisons coloniales à Chamoura et tué 9 soldats ennemis. Le résultat est foudroyant.

Les colons israéliens poursuivent avec hargne la chasse à l'homme en Cisjordanie désarmée par les Accords d'Oslo. Ils ont blessé à l'arme blanche deux hommes à Jérusalem sud. Ils ne seront pas poursuivis ni jugés pour leurs actes parce qu'il s'agit d'agressions contre des gens de seconde zone. Leur loi le permet et Netanyahu l'a dit appuyé récemment, en disant : « Nous allons distribuer plus d'armes aux colons ».

Le ministre espagnol des AE le dit sans ambages : « Gaza vit un drame », alors que son homologue allemand tergiverse : « Nous travaillons avec nos alliés pour sécuriser la Mer Rouge ». Un représentant de la Maison Blanche : « Nous allons reprendre les négociations ». Il parle du Hamas bien sûr. Les deux espaces sont liés par le sang et l'ennemi commun mais l'Occident ne comprend pas la nature de ces rapports. Le Hamas répond : « Nous ne voulons pas de votre trêve ».

En raison de la guerre, le nombre de psychopathes est en nette progression en Israël. L'enquête sur la mort des trois otages est enfin publiée. Elle entre dans le cadre des « Protocoles Hannibal », c'est-à-dire par balles amies, alors autant le passer à la trappe et tout de suite. Le ministre extrémiste Smotritch, qui avait invité son gouvernement à frapper les civils de Gaza avec l'arme nucléaire, menace de démissionner

Deux soldats sont blessés par la résistance et les arrestations de Palestiniens se poursuivent en

Cisjordanie. Le Hezbollah poursuit ses frappes, en envoyant 10 missiles sur Chamoura. Cette attaque est suivie par des bombardements ennemis au sud Liban. L'Iran révèle : « Le Hamas nous a informés qu'il a toutes les capacités pour poursuivre la guerre ». Le comité de guerre ennemi étudie « jour après jour » la poursuite de la guerre et son MAE, qui est devenu loquace ces derniers jours, dit : « Notre ambassadeur ne reviendra pas à Ankara ».

A Khan Younes, un avion ennemi a été touché par les frappes d'Al Qassam et 5 blindés et engins de transport de troupes ont été détruits. Dans la brigade 198 de fantassins, 49 soldats dont deux officiers ont été touchés dans les attaques disparates du Hamas. Sur l'affaire des otages tués, « l'armée exprime ses regrets ». Il s'agit d'une nième défaite qu'ils assument pleinement, même si la rue se met à bouger.

Le carnage continue : 21 morts et 50 blessés tombent à Rafah ; 50 martyrs dont deux enfants à Noussairat. Un autre est retiré des décombres, suite aux bombardements sauvages. A Jérusalem, un policier tire à bout portant sur un Palestinien. Lors du passage devant un barrage, une fille et un garçon sont blessés puis le garçon a succombé à ses blessures. Neuf autres tombent à Khan Younes. Deux vieux tombent à l'entrée d'El Qods…

Bloomberg rapporte : « La moitié des bateaux de commerce international ne passent plus par la Mer Rouge ». D'où les craintes d'une crise économique qui se prépare à l'ombre de cette guerre qu'on voulait à huis clos.

Une riposte foudroyante des brigades Al Qassam a causé la mort de 49 soldats, ennemis en l'espace d'une heure d'accrochages seulement. Deux martyrs et des blessés sont enregistrés aux fermes de Chabaa, au sud Liban. Les sirènes retentissent à Haïfa, au nord, après une avalanche de missiles et drones du Hizbollah. La radio de l'armée ennemie fait état d'un drone intercepté. Les hélicoptères transportent un mort et trois soldats dont deux officiers blessés vers l'hôpital.

Le comité de guerre est en crise, en raison du « jour après », comme ils aiment le répéter. Cette crise va s'enfler au fil des jours, enfler jusqu'à éclater à la face de ses initiateurs qui ont perdu le sens de la démesure. Dans la foulée, ils ont commis 20 carnages en 24 heures.

L'ONU demande à Israël de faire cesser les provocations en Cisjordanie. Mikati, le PM libanais avertit : « La provocation va enflammer toute la région ». Abou Obeïda : « La priorité doit être accordée à l'arrêt de la guerre contre notre peuple (…) pendant que le monde d'ennemis et de spectateurs applaudit le génocide. Nous allons leur infliger la défaite. Nous avons déjà détruit 850 blindés, depuis le début du conflit ».

Au soir du 83ème jour du conflit, des explosifs retentissent dans le cercle de Damas, suivis de réplique à coups de missiles sur l'agresseur. L'Italie refuse l'accréditation d'un ambassadeur israélien à quelqu'un qui était maire d'une colonie, depuis 1992. Ce refus a créé un incident diplomatique. Mais l'Italie s'est rachetée car elle était complice au début du conflit, avant de se rendre compte de son erreur d'appréciation. Elle s'est rendu compte que les colonies, créées depuis 1967, restent un territoire palestinien spolié par Israël.

Un hélicoptère venu récupérer les corps des soldats tués, s'est vu refuser l'atterrissage par les tirs de la résistance à Gaza. En guise de rappel, 49 soldats sont tués en un seul jour. Al Qassam a montré les images mortelles de ses dernières frappes ciblées contre les patrouilles ennemies.

Les bulldozers et les pelles excavatrices s'en prennent aux routes et voies qu'ils défoncent afin d'empêcher les ambulances et véhicules de sauvetage de bouger. L'on assiste désormais à une monstruosité jamais égalée dans toutes les guerres. De mémoire d'homme, on n'a jamais détruit des routes, arraché des arbres et rasé des habitations de cette façon. Mais la presse occidentale n'a pas jugé utile de rapporter ces signes de folie d'une armée en déroute.

21 soldats et officiers sont morts dans les combats, pendant les dernières 24 heures ; les hélicoptères sont venus les récupérer et les porter aux hôpitaux où aucune photo n'a filtré jusqu'ici. Netanyahu court sur les traces de Zelensky que Washington avait gavé de dollars et d'armement coûteux pour combattre les Russes. Mais il s'agit à présent de son préféré ; elle ne peut pas gâter tout le monde.

Vingt jeunes Palestiniens sont arrêtés en Cisjordanie. Des bombes atterrissent sur Nakoura au sud Liban. En retour, un missile s'abat sur un engin ennemi. Le Hizbollah frappe une troupe de fantassins ennemis dans la caserne du camp Rouissa.

Al Qassam fait sauter deux blindés et un camion de transport de troupes, fait exploser des mines au passage de troupes ennemies, à El Bridj, causant morts et blessés. Saraya El Qods réagit au sud de Gaza où elle a piégé une section de soldats ennemis. Les chiffres montent crescendo dans cette guerre absurde, où les armes destructrices n'y peuvent rien face à la détermination d'une résistance avec des moyens limités.

Et ce qui devait arriver arriva. Le pays qui connaît mieux que personne le sens du racisme et de l'apartheid s'insurge et dépose plainte devant la Cour internationale de justice pour génocide, contre l'entité sioniste. En effet, les Sud-Africains ont vécu l'Apartheid, pendant des décennies, avant s'insurger contre les Blancs qui tenaient le pouvoir à Pretoria et faisaient des autochtones des esclaves dans leur propre pays. Grâce à Nelson Mandela, prix Nobel de la Paix, ils ont réussi à briser les chaînes et à reprendre la décision entre leurs mains afin de tracer leur propre destin. Ce pays où le droit a eu le dernier mot a décidé d'engager des poursuites contre les chefs de Tel-Aviv qui foulent du pays le droit international, en perpétrant un génocide grandeur nature, sous les projecteurs, grâce à la complicité des Etats-Unis qui jouent avec le droit de veto pour faire taire toute riposte ou remise à l'ordre. A partir de là le monde entrera dans une nouvelle guerre juridique qui laissera ses traces. Il y a beaucoup de similitudes entre Pretoria et El Qods. Ce qui rendrait la tension encore plus farouche entre un occident expansionniste et un orient déterminé à reprendre son dû.

Au sommet du pouvoir de l'entité sioniste, la tension est à son extrême. Le ministre extrémiste Smotritch a menacé Netanyahu qui a pris peur et quitté la réunion du comité restreint qui gère le génocide. Il a souhaité garder auprès de lui les militaires auxquels il ne fait pas trop confiance mais qui pourraient lui assurer la survie au pouvoir. En effet, il a souhaité la préservation de Ganetz, enfin la pérennité au poste, pour le couvrir, au cas où les choses seraient amenées à empirer. Il sait qu'il peut compter sur Biden tant qu'il est aux commandes mais une fois lâché par ses pairs, il deviendra une proie facile et il ne trouvera personne pour le pleurer. C'est la raison qui le pousse à continuer la guerre, quel que soit le prix à payer, pour se maintenir en poste.

Mais que doit-on faire quand les USA sont eux-mêmes dans une situation déplorable ? Ils sont en période pré-électorale qui nécessite plus de calme et de sérénité. En plus, ils ont perdu beaucoup d'argent dans les deux guerres : celles de l'Ukraine et d'Israël. Cette dernière est la plus coûteuse ; autour de 56 milliards de dollars. La Banque centrale israélienne est aux abois, elle demande à élargir les impôts aux intouchables. Biden est en train de chuter dans les sondages. Et puis le Congres n'a pas toujours voté les dépenses pour cette guerre lointaine et irréaliste. Enfin, l'expérience de l'Afghanistan et de l'Irak ont été suicidaires et coûteuses pour Washington. L'heure n'est plus aux guerres de conquêtes mais à la sérénité et au travail ardu pour installer un contrôle financier rigoureux avec une plus-value. Il ne faut plus écouter les lobbies qui ne vivent que pour alimenter les guerres pour gagner encore davantage. La Grande Bretagne l'a compris depuis longtemps, lorsqu'elle a réduit le budget de la défense à son niveau le plus bas.

231

Quand Israël pousse à l'embrasement

Tel-Aviv fait tout pour entraîner Washington dans le brasier. Mais comme cette dernière ne veut pas se mouiller, Israël fait de la provocation envers le Liban, la Syrie, l'Irak, l'Egypte, l'Iran, etc. pour prouver au parrain qu'elle est victime. Cette attitude de victimisation a servi par le passé, sous d'autres conditions, peut-être plus légitimes. Mais lorsqu'elle en fait une doctrine en usant de cette aberration pour commettre le génocide, elle devient hors-la-loi. C'est le cas de le dire à présent. Toutefois, Ehud Barak, l'ancien PM israélien, estime que le 7 octobre « est l'action la plus dangereuse dans notre histoire ».

Le représentant de l'ONU dans la région s'insurge : « La situation est intenable à Gaza ». Le Haras Thawri iranien : « Les USA seront jugés. Ils ont tué Moussaoui parce qu'ils n'ont rien réalisé à Gaza ».

Les tirs d'obus s'intensifient à Gaza. Un autre journaliste d'Al Jazzera est blessé. Cinq soldats ennemis sont blessés dans un véhicule. Ils disent : il s'agit d'un accident. A Maghazi, une bombe est tombée sur la maison de la famille Talibani et fait cinq martyrs. Au camp Nsirat, les corps sont éjectés par des explosions ; l'horreur est à son apothéose. Washington appelle à la modération. Et la résistance irakienne frappe une base américaine Chedadi en Syrie.

Le déplacement de population vers le sud de Gaza se poursuit. Un avion Sky Link 21 a été détruit par la résistance. Les réservistes sont rappelés, pour faire grossir les rangs, sans aucune préparation au combat.

Al Qassam annonce la mort de trois de ses résistants à Khan Younes. Dans une embuscade dressée par la résistance à Hay Toufah, 10 soldats sont tués et un blindé de transport de troupes détruit.

Une militante italienne des droits de l'Homme estime qu'Israël « a quitté le droit international depuis très longtemps (…) il y a là une volonté d'éradication d'un peuple ».

L'armée annonce avoir détruit la maison de Sinouar –le résistant qui l'empêche de dormir- et qu'elle était bâtie sur des tunnels. Cette action est suivie par une autre similaire au Rafah où la maison d'un militant palestinien est rasée. A ce stade, il y a mort de 105 journalistes, 7900 disparus et 200 mosquées détruites.

Une information anodine : un avion russe a violé l'espace polonais et Biden suit attentivement cette affaire, selon Al Hurra- News. Les USA accordent une aide en armes à Israël, sans passer par le Congress, affirme la même chaine.

L'Afrique du Sud a saisi la Cour internationale à la Haye pour agression contre l'accord qui stipule « l'interdiction d'extermination massive », précise-t-on. Ainsi les choses se précisent. La force suffira-t-elle à les faire sortir de l'impasse ?

Trois missiles touchent la résistance aux frontières irako-syriennes. Le Hizbollah et Israël progressent dans le conflit, par missiles, obus et drones interposés. Chaque partie se vante d'avoir pris avantage sur l'autre.

Beaucoup de martyrs sont enregistrés à Gaza, suite aux bombardements massifs. Côté ennemi, 2O soldats et un officier, entre morts et blessés, sont enregistrés durant les 24 dernières heures. Du côté du maillon faible, en Cisjordanie, les arrestations et les dépassements se poursuivent. El Djihad Islamy reprend à son compte : « Pas de négociation sans arrêt des combats », comme déjà exprimé par le Hamas.

A Dir Balah, l'imam d'El Aqsa, Youssef Salama, ancien ministre des Cultes mondialement connu, est assassiné par la horde sioniste au camp Maghazi. Ils ont ciblé sa maison et fait, dans sa périphérie, 64 martyrs et 186 blessés. Ainsi les rapports de la causa nostras donnent en moyenne 10 martyrs parmi les civils contre un soldat ennemi, tué ou blessé. Cette arithmétique aidera sûrement les juristes de Pretoria s'ils la prennent en considération. Mais les ambulances n'arrivent plus à parvenir aux blessés pour les secourir, en raison des routes détruites par les bulldozers ennemis.

On entend encore les tirs d'obus qui parviennent de Khan Younes où les chars prennent eux aussi leur part de vengeance pour ceux qui ont été détruits par Al Qassam. La région est entièrement encerclée par l'armada ennemie pendant que les blindés avancent sur le boulevard Salah Eddine, détruisant une école en poursuivant la marche. Al Qassam les surprend, frappe par RPG et missiles Yassine, détruit 5 chars et tue 20 soldats puis se retire pour laisser les hélicoptères ramasser morts et blessés.

Selon les rapports publiés par les médias locaux, 3500 soldats blessés sont traités dans l'hôpital Berzalaï, depuis le 7 octobre, dont 10 ont été affectés de maladies contagieuses et l'un d'eux aurait péri. Des experts locaux estiment que « la guerre ne réussira pas par les bombardements aériens ni par l'offensive terrestre, même si elle va durer deux ans ». Un officier et 5 autres soldats sont tués et 5 blindés détruits à El Bridj,

Un membre du Congrès américain s'exprime sur le quoi et le comment de « l'envoi d'armes sans passer par le vote du Congrès ». Washington Post : « Israël devra supporter les coûts de 220 mille soldats », en hébergement, salaires et tous les frais de guerre qui les accompagnent.

Selon Reuters, la compagnie de navigation Maersk annonce qu'un de ses navires a été touché par missiles lors de son passage par Bab el Mendeb mais l'équipage se trouverait sain et sauf. Il a poursuivi sa route vers Singapour.

Netanyahu : « La guerre va durer des mois, jusqu'à l'extermination du Hamas. Nous combattons sur tous les fronts ». Il ajoute : « L'espace Philadelphie sera sous notre contrôle ».

Les élections locales sont reportées au 27 février, en attendant de voir plus clair, si la précipitation des événements le permet. Les manifestants dont le nombre croît au fil des jours demandent sa tête.

La compagnie de navigation Maersk anglaise annonce une attaque par trois canoës sur un de ses navires, à 3 miles au nord du port Hadida du Yémen, sans faire de victimes. Il y eu échanges de tirs avec les hélicos américains. Il s'agit d'un premier test. Associated Press rapporte, selon l'amiral Brad Cooper, de la marine US, que les virées des navires français et anglais au sud de la Mer Rouge a permis le passage de 1200 bateaux sans incidents. Comme il précise que les Houthis n'ont pas fait de gestes agressifs.

Dans un second temps, il y a eu échanges de tirs où les hélicos US ont détruit les trois canoës, tué leurs équipages et intercepté 17 missiles.

Le ministre de la Défense anglais révèle que les attaques se sont multipliées cinq fois pendant les derniers mois. « Elles doivent cesser pour permettre à la navigation commerciale internationale de faire son travail », ajoute-t-il. Entre temps les carnages se poursuivent à Gaza et les Houthis s'irritent davantage. N'ont-ils pas justifié leur action par l'injustice qui s'abat sur une population sans défense qui ne trouve faveur chez personne ?

Maarif rapporte, selon les propos du MAE israélien : « Le gouvernement porte la responsabilité sur l'attaque du 7 octobre. Il faut créer une commission d'enquête pour juger les responsables ».

Maersk lance un second SOS d'attaques des Houthis contre ses navires et décide de suspendre le passage de ses navires par Bab el Mendeb, pendant 48 heures, en attendant l'évolution des choses en Mer Rouge.

Les combats reprennent de plus belle à Gaza. A Khan Younes, 35 martyrs sont tombés dès la matinée sous les bombes ennemies. Al Qassam détruit 5 chars et un hélico Apache.

Smotrich revient à la charge par une proposition farfelue ; il propose le déplacement de la population de Gaza hors de son espace, pour en faire un paradis terrestre et pousser ces derniers vers la sauvagerie et la faim.

Le Djihad Islamy : « Il n'y a pas un lieu qu'on investit sans voir aussitôt l'ennemi déguerpir ». Le Hizbollah annonce avoir tiré trois missiles qui ont atteint leurs cibles. De retour des colonies du nord, qui s'embrasent à petit feu, Netanyahu annonce la continuation de la guerre.

Le nouvel hélicoptère Apache Sam 7, sol-air, de portée de 3200 m entre en action pour raser bas à Gaza. L'adjoint du chef du Hizbollah : « Nous avons pu toucher les positions des troupes ennemies et le nombre de leurs morts ne cesse de croître, il s'agit du nombre le plus élevé depuis 1948 (…) la guerre ne s'arrêtera qu'après celle de Gaza ».

Gallant dit avoir discuté avec son homologue anglais de la situation en Mer Rouge. Maersk, la compagnie anglaise, est touchée par deux missiles. Et les hélicos américains ont riposté. L'opposition irakienne annonce de son côté avoir frappé une base américaine à Irbil et une autre à Rouila en Syrie.

Le Djihad rappelle : pas de négociations avant la fin de la guerre et annonce la mort d'un officier, un soldat ennemi et 15 blessés ennemis dans des accrochages surprises.

Une image humiliante montre un soldat en train de frapper à coups de pied un Palestinien étendu par terre dans son magasin. A Hay Toufah, au nord de Gaza, les accrochages s'intensifient avec l'ennemi. Ils disent qu'il s'agit des derniers retranchements de la résistance, pour donner du tonus aux troupes hésitantes face aux remugles d'une guerre sans issue.

A Djohr Eddik, Bridj et Khan Younes, ils ont appelé les gens à quitter leurs maisons et de se diriger vers le sud.

Ils parlent d'échec malgré l'apport des parachutistes pendant les derniers jours. La radio israélienne : « La guerre ne réussira pas à mettre fin aux tirs de missiles sur Tel-Aviv et le cercle de Gaza dans au moins deux ans ». On annonce le chiffre de plus de 3500 soldats blessés.

Et le déluge se poursuit. A Hay Zeitoun, une maison explose sous les bombardements aériens, un survivant sort, déchiqueté de sous les gravats, se relève, marche sans destination fixe ; le décompte fait 40 martyrs en un laps de temps. A Khan Younes, 5 enfants sont éjectés morts. Plus loin, 35 martyrs et beaucoup de blessés attendent les secours inutiles. Images : des enfants courent sur les décombres, cherchent leurs parents qu'ils ne trouvent pas. A l'université d'El Aqsa, au nord de Djabalia, on compte plus de cent martyrs et autant de blessés…à

Saftaoui, nord de Gaza, tous les véhicules ont été incendiés ou détruits par les bulldozers ennemis. Des femmes sont arrêtées. Des images choquantes défilent. Ils volent or, argent, toute chose précieuse qu'ils trouvent en fouillant les sous-vêtements. Les animaux tués jonchent les rues aux côtés des humains. Un déluge grandeur nature. Hôpital Adouane, après retrait de la soldatesque, ruines et équipements de médecine détruits. Un enfant brûlé est allongé par terre, une petite fille déboussolée en position assise regarde fixement on ne sait quoi, une autre hurle à pleins poumons on ne sait quel nom…d'une mère qui a trépassé ou d'un petit frère qu'elle ne trouve nulle part.

Al Qassam montre des bombes piégées qu'elle place à l'entrée d'un tunnel qu'elle fait sauter quand les soldats ennemis l'auront déniché.

Une grande manifestation draine des foules à Berlin, sous les couleurs et les chants patriotiques de Palestine. Les gens crient d'une seule voix : « Cease fire ! ».

La Santé de Gaza a répertorié 12 carnages dans différents endroits, en un seul jour, des cas d'empoisonnement de détenus dans les prisons israéliennes…des personnes aux mains ligotées sont poussées dans un labyrinthe, le maire du Golan occupé s'inquiète de la montée de violence, comme s'il vivait en Suède.

Le Hizbollah mène trois attaques contre des positions ennemies, à Nakoura et Hanouna, au sud Liban, en riposte aux attaques par avions. Netanyahu menace le Hizbollah qui, en vérité, n'attend que l'exécution de ses menaces s'il ne les a pas déjà exécutées. En même temps on assiste à une valse de diplomates à Beyrouth pour chercher l'issue au conflit qui enfle au fil des jours.

A ce stade du conflit, les colonies du nord d'Israël se sont vidées, 70 mille personnes ont été déplacées vers les villes ou fui vers l'étranger, car être en Israël n'est plus une sinécure.

Kerby dit : « Nous avons de grands intérêts au Moyen-Orient et avons besoin de beaucoup de forces pour les protéger ». Tout est dit. Une Palestinienne l'a déjà dit, dans une vidéo diffusée à grande échelle, mais peu de gens l'ont écoutée. Elle a parlé d'un Nato arabe qui était en train de se constituer grâce à la « normalisation » actionnée avant le 7 octobre. La majorité des pays de la région étaient partants pour cette idée qui serait pilotée, figurez-vous par qui ? Par Israël, bien sûr. C'est l'une des raisons, parmi d'autres, qui a poussé le Hamas à agir pour freiner cette conspiration. Il y allait du devenir de Gaza qui constituait un roc dans la nouvelle route de la soie qui devait passer par le Mer Morte puis par le supposé Canal Ben Gourion en contournant Canal Suez, jusqu'à la Méditerranée, en asphyxiant l'Egypte de manière définitive. Ainsi la région serait sécurisée et totalement acquise à l'Occident dont le cœur palpitant serait l'entité sioniste. Mais tout est tombé à l'eau depuis le 7 octobre.

En représailles à cette action historique qui a sauvé la face au monde arabe, Israël s'acharne sur les civils sans défense pour se venger et, pourquoi pas, vider

Gaza de sa population, pour reprendre le projet salvateur qui lui ouvrirait les portes de l'avenir ?

Les charriots transportant les corps vers les cimetières ne circulent plus dans les routes défoncées et les animaux sont tués. Ils sont portés dès lors dans des malles de voitures qui peuvent se faufiler en évitant les crevasses. Des drones viennent de tomber sur les têtes, au sud de Gaza, et causé une quinzaine de blessés graves vers le centre de santé le plus proche s'il continue de fonctionner.

Sur les routes encore praticables, un convoi d'ambulances israéliennes transporte morts et blessés de soldats ennemis vers l'endroit sûr où ils pourraient les charger dans les hélicos et les éloigner de l'enfer.

Le porte-parole des Houthis fait le point : « Dix de nos valeureux combattants ont été tués et trois canoës détruits par les Américains. Nous allons leur rendre la monnaie et avertissons nos frères Arabes de ne pas les suivre. Nous continuons d'interdire tout passage de navire israélien ou destiné vers le pays sioniste. Les Américains porteront la lourde responsabilité sur ce qui vient de se produire ».

C'est clair. Dès à présent, le passage par la Mer Rouge est risqué. On va assister dès lors à une montée vertigineuse des prix de produits de première nécessité. Les pays qui importent le riz de Thaïlande ou les véhicules chinois vont vivre de mauvais jours, tant que durera la guerre à Gaza. C'est la condition exigée par les Houthis. Le MAE iranien : « On ne peut considérer l'arrêt de passage des navires différend de la guerre de Gaza ». Curieusement, on n'entend plus la voix d'Israël dans ce conflit dont elle fut la cause. Rappelons que depuis le début, Netanyahu cherchait à engager les USA dans le conflit. Ne disait-il pas qu'il les manipulait à sa guise ? Maintenant que c'est parti, il est à l'aise. La guerre est entre de bonnes mains. Il n'a qu'à alimenter les lobbies américains pour ne pas lâcher prise, jusqu'à la destruction totale et définitive de Gaza, de l'Iran et de l'Egypte. Après cela, tout deviendra possible, y compris l'annexion de l'Arabie Saoudite qui danse sur un seul pied, sur la corde de la normalisation.

Après le retrait de l'armée sioniste de Hay Toufah, un spectacle de déluge s'offre en grandeur nature : des sillons boueux, crevasses, bâtiments hachés - comme un bel ouvrage fait par un mauvais artisan-, des voitures brûlées, un silence parfait et le vide sidéral.

L'hôpital Chifa est à feu et à sang depuis le matin. Plus de 35 martyrs sont restés sous les débris ; parmi eux il y a beaucoup d'enfants dans le cercle de l'hôpital honni par Israël qui a décidé d'en faire un cimetière…A Toul Karam où Al Qassam s'est accroché avec les soldats ennemis, pendant plus de dix heures, aux quartiers de Nour Echeikh, on compte 15 blessés dans la résistance, un nombre considérable chez l'ennemi, beaucoup de maisons détruites, et toutes le voitures en stationnement calcinées. A Hay Zeitoun, il y a eu un second accrochage, beaucoup plus intensif, où la résistance a riposté par une pluie de missiles, suite aux bombardements aériens destructeurs. On compte 40 martyrs dans les rangs de la résistance, en attendant le chiffre des pertes ennemies.

La radio militaire annonce le retrait de 5 bataillons du nord de Gaza, sur un total de 17 ; ce qui donnerait un chiffre autour de 20 mille soldats qui quittent l'arène.

Par médias interposés, on explique qu'une fois libérés, ces soldats vont participer à la relance économique qui se trouverait à genoux, à cause du prix de la guerre, au point où 21 mille Israéliens ont demandé l'allocation chômage parce qu'il n'y a plus d'entrées, depuis le 7 octobre.

Désormais la guerre est laissée aux mercenaires qui vont la poursuivre, comme l'avait fait et continue de le faire Wagner en Ukraine. A Propos, l'UE et les USA ont payé 100 milliards de dollars rubis sur ongle à Kief puis se sont lassés. Ils ont abandonné Zelensky à son sort, en accordant la priorité à Netanyahu qui mène une guerre existentielle en jurant, matin et soir, qu'il allait « détruire » le Hamas.

En Cisjordanie, le temps n'est pas à la fête. Un Palestinien reçoit une balle mortelle. Il tombe à genoux et se met à prier. L'image est sidérante. Elle a fait le tour du monde… deux autres ont riposté aux colons par l'arme blanche, ils sont aussitôt liquidés de sang-froid. C'est ainsi, on n'a pas droit à la riposte même si on est menacé de mort. Au fait, c'est quoi la légitime défense, si on n'est pas concerné ?

Les sirènes retentissent au Golan occupé. On est en Syrie, pour ceux qui ne le savent pas. L'opposition irakienne vient de frapper une base américaine à coups de missiles.

Fait sidérant, devant l'ambassade US à Tokyo, les Japonais ôtent leurs chaussures et les lèvent vers le ciel. Cela nous fait rappeler la scène qui s'était produite, il y a quelques années, à Bagdad quand un jeune Irakien a ôté sa chaussure à l'a envoyée sur le visage de Bush junior. A défaut d'armes, la chaussure peut être plus redoutable puisqu'elle -la chaussure- a annoncé le début de la fin d'une colonisation injustifiée de l'Irak. On ne sait si les Japonais, qui avaient souffert des effets des bombes atomiques, y pensent toujours.

Au Yémen, en Mer Rouge, les Houthis annoncent avoir ciblé par missiles un bateau appartenant à la compagnie de navigation Maersk. La Grande Bretagne se dit prête à frapper les Houthis pendant que Kerby dit : « Nous ne comptons pas aller à un conflit avec les Houthis ». S'agissant de Kerby, on a pris l'habitude d'entendre la chose et son contraire.

Au Liban, le Hizbollah, cible un attroupement de soldats israéliens à Hanita par « les armes appropriées », très tôt dimanche matin. L'Egypte prend la déclaration de Netanyahu au sujet de ses visées sur l'enclos Philadelphie au sérieux et estime qu'il s'agit d'une « agression aux Accords de Camp David ». Comme on le constate, au dernier jour de l'année 2023, le conflit est en train de prendre une autre dimension. Le bilan est sidérant côté palestinien : 56 451 blessés, 7 000 disparus, 21 822 martyrs – 6 500 femmes et 9 100 enfants -, dans 1825 carnages, en plus des 106 journalistes, 312 médecins et 40 agents de la protection civile.

Une grève générale est annoncée en Turquie, Jordanie, Liban, Palestine et ailleurs pour faire entendre l'appel au « cessez-le-feu », quémandé par des centaines de millions de personnes à travers le monde.

Le MAE israélien Cohen est renvoyé, à cause de ses déclarations tonitruantes qui gênent les militaires de Tel Aviv. Il sera remplacé par un autre qui saura où mettre les pieds. Chaine 12 : Le chef d'Etat-major évite la réunion du comité de guerre, pour éviter les pièges –depuis qu'on lui a collé la défaite du 7 octobre en conseil des ministres- d'être encore une fois critiqué et humilié. Il leur a dit : « Je viendrais quand je pourrais ».

Hamas appelle la communauté internationale à faire cesser les dépassements et à juger les coupables de « crimes de guerre ». De nouveaux accrochages sont enregistrés, une fois encore au nord de Gaza, où 12 carnages viennent d'être commis, avec un bilan de 120 martyrs parmi les civils. Des images saisissantes de tueries d'enfants sont reconnues dans les propos de soldats qui ont des relents de conscience. Haaretz rapporte le commentaire de la BBC : « Israël est dans l'impasse à cause de la guerre de Gaza ».

Khan Younes a connu le pire pendant la nuit. On compte au moins 35 martyrs, dont une majorité d'enfants, dans les bombardements de maisons habitées et 4 autres dans une maison frappée à Dir Baleh dont un enfant qui hurle sa peine de blessures d'éclats d'obus sur le visage et sur le ventre, à l'hôpital El Aqsa. Des accrochages deviennent fréquents en Cisjordanie, entre Palestiniens et armée sioniste, à Ramallah et des invasions de maisons à Naplouse.

L'on assiste à un nouveau clash entre Biden et son fidèle ami Netanyahu, selon les médias US. Hamas répond au ministre intégriste Smotrich : « La communauté internationale doit lui faire fermer la gueule. Il appelle au déplacement de la population de Gaza. Il dit que la majorité du peuple est d'accord pour l'occupation de ses terres ». Netanyahu revient sur Philadelphie en prenant le risque d'éveiller les vieux démons.

Tel-Aviv a fêté le réveillon aux feux de missiles d'Al Qassam et les gens se sont terrés dans les sous-sols pour le reste de la nuit, en emportant dans leur fuite des bouteilles d'eau de vie pour retrouver un peu de chaleur, sans jouissance.

Les préparatifs de la troisième mi-temps sont en cours mais dans une ambiance de mensonges, de déclarations malsaines, de lubies qui en disent long sur les intentions des « maîtres » de Tel-Aviv. Ils parlent à la fois de retrait conséquent de troupes et de poursuite de la guerre, comme si l'arsenal de guerre du monde entier se trouvait entre leurs mains.

Al Qassam : « Nous avons détruit un drone d'espionnage au-dessus de Gaza (…) On a dressé une embuscade aux soldats sionistes au camp El Bridj et causé morts et blessés chez l'ennemi puis on s'est retiré ». Et Saraya El Qods disent mener des accrochages, depuis le matin, avec les soldats d'Israël, au nord-est de Khan younes.

Aharetz : « L'on craint la réaction de la Cour internationale de justice aux plaintes déposées contre Israël ». Yediot Aharonot fait allusion aux « feux d'artifice » qui ont animé le réveillon de Tel-Aviv. Chaine 12 reprend la riposte au Hizbollah par deux missiles sur Kafarla, au sud Liban.

Hamas : « Nous attirons l'attention du Croissant rouge et les ONG des droits de l'Homme sur ce que subissent les détenus dans les prisons israéliennes comme humiliations (…) Nous appelons à archiver les dépassements de l'occupant sur les détenus (es), dans les prisons ». Les arrestations se poursuivent toujours en Cisjordanie. Elles ont atteint le chiffre de 4910, depuis le 7 octobre.

Suite aux frappes alliées et destruction des deux canoës Houthis, ces derniers annoncent bloquer le passage de tout navire destiné à « la Palestine occupée ». La Grande Bretagne lance un avertissement aux « terroristes » en Mer Rouge. A Irbil, l'opposition irakienne frappe une base américaine.

Al Qassam cible le QG de transmission ennemi dans le cercle de Gaza. Ils font exploser deux tunnels piégés lors d'incursions de soldats ennemis dans les passages et fait 16 morts et une dizaine de blessés. Ces résultats sont suivis par des tirs de missiles Hawn à Tel-Aviv. Comme ils annoncent avoir touché un hélico au sud de Gaza et blessé un officier. Haaratz fait état de 11 soldats blessés par Yassine 105 et d'un char Merkava détruit. Saraya El Qods disent avoir tiré par « Badr 1 » sur des troupes ennemies, tôt le matin à Khan Younes et tué un officier.

Un nouvel otage est tué par balles amies. Les autorités informent sa famille. Un responsable israélien dit que « les forces retirées du nord vont reprendre du service ». On disait qu'elles allaient participer à la reprise économique, en panne depuis le début du conflit. Le coût de la guerre serait monté au pic de 58 milliards de dollars. La Cour suprême annule la décision de Netanyahu. Le ministre de l'économie, connu par son extrémisme, juge la décision « dangereuse » alors que Ganetz (EM) appelle au respect des décisions de justice. Les extrémistes militent toujours pour l'occupation de Gaza.

Des chars tirent au centre, laissent 15 martyrs, puis au sud de Gaza, près de l'hôpital Européen où 6 autres sont tombés. A Cheikh Redouane, des corps éjectés gisent toujours par terre, depuis des jours.

Au sud Liban, la caserne Yara est touchée par les frappes du Hizbollah. Des tirs de blindés causent la mort de trois résistants. L'opposition irakienne cible une autre base américaine en Syrie.

Al Qassam déclare avoir récupéré deux drones ennemis dont un qui est resté intact et qui pourrait être renvoyé à l'envoyeur. Il fait état de 42 actions contre les forces ennemies, au nord de Gaza, de mort de 10 soldats, un officier, et deux blessés. L'armée annonce la mort de 41 soldats et insiste sur le retour vers les colonies abandonnées depuis le 7/10. Les familles des personnes mortes le 7 octobre déposent plainte contre les autorités civiles et militaires. Les médias mettent l'accent sur les mises en congé de bataillons entiers. La Santé palestinienne fait un décompte de 326 cadres de la santé tués depuis de 17/10, dans un bilan total de 22185 morts et de 57035 blessés.

Dans les 15 derniers carnages, on compte 207 martyrs et 338 blessés. A Khan Younes, 4 autres sont tombés. A Abradj El Firouz, tous les bâtiments ont été détruits, comme dans un terrible tremblement de terre. Puis les blindés se sont retirés, après avoir accompli leur ignoble tâche. Al Qassam déclare avoir détruit un char Mirkava et fait un nombre considérable de morts et blessés ennemis, à El Bridj. Les hélicos sont venus ensuite récupérer morts et blessés. Un autre officier est touché dans un accrochage à Naplouse.

Le MAE palestinien lance une alerte après l'enlèvement d'un bébé. Il appelle ses ravisseurs à le remettre à ses parents. Pourvu que ses organes ne soient pas déjà vendus, comme ils ont l'habitude de faire avec les autres bébés et enfants enlevés en période de troubles.

Le Hizbollah montre une vidéo d'attaque d'une caserne à Ilat. Le drone vole dans l'air puis pointe& droit sur le QG et explose en dégageant une fumée sombre. S'ensuivent d'autres missiles qui pleuvent sur les colonies. Des accrochages ont lieu à Djouhr Eddik, suivis de bombardements. Puis l'on assiste au retrait progressif des blindés.

En Cisjordanie, des colons armés s'emparent d'une ferme, frappent son propriétaire, le chassent puis se mettent à arracher les oliviers, sous la lumière du jour.

Le rapprochement de la fin ?

Les chiffres ont pris une cadence infernale ; 70 martyrs en 24 heures, en attendant la suite. Il s'agit d'un blocus dans le sens plein du terme, où personne n'entre et personne ne sort, sans la permission d'Israël. Ainsi, une population de 2 millions d'habitants, dans un espace de 360 km2, est maintenue sous pression pendant des années, parce que son calvaire n'a pas commencé le 7 octobre mais dure depuis ¼ de siècle, sans que personne n'ait soulevé le couvercle pour la situation dans laquelle ce peuple est maintenu, entre la vie et la mort.

Dès l'annonce de l'intention de l'Afrique du Sud de déposer plainte contre Israël devant la CIJ, pour génocide, ce dernier a accepté de se présenter, non sans s'offusquer, en qualifiant son armée de « la plus morale » des armées du monde. Rien que ça.

Au même moment la Turquie annonce l'arrestation de 46 espions, travaillant sur son territoire, au profit d'Israël. Rappelons que suite aux menaces israéliennes de liquider les chefs du Hamas où qu'ils se trouvent, Ankara les a avertis de toucher à sa souveraineté. Israël a mis à exécution ses menaces au Liban et en Syrie, en ciblant des personnalités de premier plan de la résistance palestinienne et du Haras Thawri iranien, en attendant la suite.

Des images d'Al Qassam montrent une attaque surprise de soldats israéliens dans une maison abandonnée. Ils les arrosent à la mitraillette à une distance réduite et récupéré armes et munitions. Le canal officiel du bureau de censure de l'armée annoncera seulement 31 soldats, entre morts et blessés, et 5 engins blindés détruits, en 24 heures.

Après sa visite au front nord de Gaza, Gallant révèle : « Si nous ne pouvons pas gagner la guerre à Gaza, nous ne pourrions plus vivre au Moyen-Orient ». Il s'agit là du propos du militaire des plus tenaces sur scène. Il s'agit en effet du devenir d'un Etat sioniste créé il y a 75 ans par le colonialisme britannique, sur une terre qui ne leur appartient pas, afin de le guérir du drame de la Shoah, avec l'intention de faire coller l'homicide occidental sur le dos de l'Orient. Et ils ont réussi, jusqu'ici, à maintenir le mensonge qui s'est amenuisé au fil des jours, quand le monde a commencé à voir plus clair. Gallant a exprimé un sentiment profond qui tenaille les entrailles de cette entité depuis des lustres, sans s'en rendre compte. Puissions-nous dire que le compte à rebours a commencé ?

Attendons la suite des événements pour nous prononcer car cette quête d'existence s'avère longue et périlleuse, dans un climat de bravoure et de trahison à la fois, parce que ceux qui ont cru une fois à la normalisation des relations avec un ennemi qui a fait preuve de sa barbarie et de sa haine envers les autres races, ne peut en aucune manière accepter autrui et avoir des rapports d'égal à égal avec ses voisins. Il s'agit d'une supercherie que les dupes sont en train de découvrir après avoir failli se faire berner. Grâce au concours des Américains qui ont colonisé l'Irak en 2003, sur la base d'un mensonge qu'ils ont reconnu, toute honte bue, ils ont réussi à diviser le monde musulman entre shiites et sunnites, en alimentant cette fitna jusqu'à les dresser les uns contre les autres, en ressassant tous les jours le « danger » shiite qui menacerait la quiétude des émirs sunnites qui dorment sous leurs lauriers. Au fil des jours, ils ont réussi à faire admettre cette logique qui a affaibli le monde oriental, comme au temps des Lawrence d'Arabie sous les noms d'un Kerby ou un Blinken ou encore un Sullivan, nouvellement pétri par la cuisine lobbyiste.

Le bébé volé n'a pas encore été retrouvé malgré les appels pressants de l'Autorité palestinienne qui a pris la décision d'ameuter l'opinion publique internationale sur le trafic d'organes sur les bébés et enfants tués dans des bombardements atroces, en mettant sous embargo les hôpitaux de Gaza pour cacher leur jeu macabre.

Il y a de l'autre côté l'image saisissante d'un résistant, avec une seule jambe, qui envoie des missiles Yassine 105 sur les blindés ennemis et qui ne rate jamais sa cible. Puis il y a l'enfant palestinien qui parle du drame qui a emporté toute sa famille ; père, mère et le petit frère avec un œil brisé, mais persiste à dire qu'il préfère mourir sur sa terre que de la laisser à ceux qui viendraient la souiller, avec le sourire innocent, sans larmes et sans regrets. Il y a enfin la femme qui prie les siens de ne pas pleurer son bébé qui a eu l'honneur de mourir en martyr. Son sourire, face à la mort de son âme, apporte un soutien au propos.

Les images de destruction d'engins ennemis, à coups de missiles par les brigades d'Al Qassam, défilent au fil des jours sur les écrans à Khan Younes, à Djabalia, à El Bridj.

Gallant dément son intention de finir la guerre. Il jure de la poursuivre jusqu'à son terme, c'est-à-dire par l'élimination du Hamas ou, plus prosaïquement, jusqu'à vider Gaza de sa population.

L'on voit des engins quitter Djénine. Puis l'image du soldat israélien blessé qui hurle sa peine pendant que ses compagnons tentent de le calmer par des injections de morphine.

L'association des détenus palestiniens fait état de tortures et d'exactions dans les prisons ennemies. Ils sont suspendus aux murs, la tête renversée vers le bas et subissent les sévices atroces, loin des témoins. Ils étaient au départ 260 prisonniers palestiniens dans des prisons gardées secrètes dans le cercle de Gaza. Ce chiffre est monté à 661, pendant les derniers temps, dont 300 se trouveraient à la prison Ofer. Les femmes et enfants autant que les hommes sont soumis au régime sévère de privation d'eau, de nourriture ou des besoins sanitaires, subissent le viol et l'humiliation pendant tout leur séjour au bagne.

Un membre de la CIJ a réagi en estimant que « rien ne justifie le kidnapping d'un bébé ». Il y a enfin les prisonniers que tout le monde a vus, dénudés, ligotés dans des camions puis abandonnés dans la nature et dont personne ne connaît le sort. La Santé palestinienne fait état des suppliciés dans le Naqab. L'opposition irakienne annonce des frappes contre des bases américaines à Malkia et Sbira en Syrie. Les maires de Gaza s'adressent à l'ONU et demandent l'envoi de carburant car les ordures inondent les rues, manquent les eaux, les produits de première nécessité, les pièces détachées, etc.

Ismaïl Hanya, président du BP du Hamas confirme : « Il n'y aura ni négociations ni libération d'otages ». Il rend hommage à l'Afrique du Sud et martèle : « Rien ne se fera hors des conditions de la résistance ». Une mosquée est totalement détruite, un officier ennemi est blessé dans un accrochage à Kalkilia, le Hizbollah fait 5 incursions dans les territoires occupés, les sirènes retentissent à Sderot…le décompte officiel chiffre à 31 soldats ennemis entre morts et blessés en 24 heures. Al Qassam surprend une troupe ennemie et en frappe une dizaine et détruit 3 engins au centre de Gaza (Khan Younes-Djabalia), qui constitue désormais le nœud gordien ou la forteresse imprenable. Les échos du conflit au sein du comité de guerre sont dans la rue.

L'ennemi cible une voiture près le QG du Hizbollah au Liban, par un drone. Dans la voiture calcinée, on retrouve le corps de Salah Arouri, un membre du BP du Hamas, et des membres de son staff. Il s'agit du second attentat d'importance, après celui de Moussaoui, du Haras Thawri iranien, tué en Syrie. Selon le Hizbollah, c'est une déclaration de guerre qui sera interprétée comme telle. L'attentat a causé la mort de 6 personnes, dont trois autres du Hamas.

Le Hamas confirme : il s'agit bel et bien de Salah Al Arouri, vice-président du Hamas, avec trois autres membres du BP, tête pensante d'Al Qassam, qui a passé 15 ans de bagne dans les prisons de l'ennemi. Père d'une fille, né en 1966 à Ramellah, il a participé à l'armement d'Al Qassam. Il a été ciblé par un drone téléguidé.

Le Communiqué de Mikati, PM libanais, estime que ce « nouvel assassinat va entraîner le Liban dans le conflit » et appelle au respect de la souveraineté des Etats. Mais du côté israélien on se tait, on ne fait aucun commentaire, exception faite de l'ancien représentant à l'ONU qui a failli sauter de joie ou d'un Smotrich qui ne peut en aucune manière se retenir. Ahranot commente : « L'assassinat d'Al Arouri est une opération de haute qualité que tous les chefs du Hamas doivent méditer ». Mais Israël reste en état d'alerte, ce geste ne peut passer en toute impunité. Un proche de Netanyahu dit : « Nous n'avons pas déclaré notre responsabilité sur l'assassinat d'Al Arouri ». Le Washington Post, selon un responsable américain : « Israël est responsable de la mort d'Al Arouri ». Dès l'annonce, les gens sont sortis à Ramellah manifester, en hissant les drapeaux du Hamas et du Hizbollah.

Netanyahu qui a perdu l'occasion de se griser la nuit du nouvel an, à cause des feux d'artifices de Gaza, peut à présent s'offrir une cuite et trinquer avec qui il veut, jusqu'au matin.

L'Iran condamne l'attentat qu'il qualifie « d'atteinte à la souveraineté d'un Etat » et demande au Conseil de Sécurité de réagir. Israël a annulé la réunion du comité de guerre, en attendant la suite des événements, liés à l'assassinat. Le mouvement Feth, de l'Autorité palestinienne, condamne l'assassinat. La fille d'Al Arouri dit qu'il avait toujours souhaité mourir en martyr. Il était toujours absent. Mais sa famille en tire une fierté de ce parcours de militant endurci. Libéré en 2010, il a participé aux négociations des otages dans l'affaire Djalit. Hanya a lu l'oraison funèbre d'Al Arouri et de ses compagnons, morts pour la Palestine éternelle.

Suite au retrait du porte-avions américain –en raison de ces événements- de la Méditerranée, Haaretz estime que « le retrait du porte-avions Ford n'est pas une bonne chose pour Israël ». Ganetz a demandé à Macron d'user de bons offices avec le Liban pour calmer les esprits. Les médias locaux estiment que l'année 2023 fut la plus horrible pour Israël.

La mosquée El Omari, veille de 1500 ans, a été détruite. L'on compte 144 autres sites historiques détruits à dessein, comme l'avaient fait les Américains quand ils ont envahi l'Irak en 2003.

Les Palestiniens ont entamé une grève générale et appelé le monde arabe et musulman à y participer pour exprimer leur courroux face à cette tentative de détruire les fondements d'une nation qui remonte à des temps millénaires, par la tentative de créer une entité surfaite sur ses restes.

Vont suivre 10 carnages, la destruction d'une école à Djabalia, 4 corps de femmes déchiquetés à Khan Younes. Chaine 12 reprend un appel « aux habitants de Noussirat de vider leurs demeures ». L'on assiste au retour des agressions et des arrestations en Cisjordanie, et des journalistes ciblés par balles réelles à Tolkaram. Human Rights s'insurge contre ces arrestations sauvages.

Le nom d'Al Arouri était fiché sur la liste des personnes recherchées par les USA, depuis 2008. Al

Qassam découvre la présence de robots dans la guerre que mène Israël à Gaza. Ils sont destinés à devancer les chars et à leur donner ordre de tirer, par voix sonore, une fois les cibles identifiées. C'est dire que cette guerre a servi d'essais à toutes les nouvelles armes. Après les bombes à gaz, au phosphore blanc, aux rayons laser, aux lumières irradiantes, aux virus, voilà venir le temps des robots, en attendant le nucléaire.

Le couvre-feu est instauré au camp Nour Echems à Tolkaram par la soldatesque. Des accrochages intensifs ont lieu entre la résistance et armée sioniste, à Tolkaram où on assiste au retrait des blindés. Ils se retirent également de Cisjordanie. Un officier est tué au nord de Gaza, apprend-on. Une école est frappée de plein fouet, causant un nouveau carnage à Khan Younes.

La PM libanais : « L'attentat de Beyrouth est destiné à nous engager dans la guerre ». Des renforts ennemis sont envoyés tout au long de la frontière avec le Liban.

Les Houthis rappellent : La navigation est ouverte à tous les navires, sauf ceux destinés à la « Palestine occupée ».

En Iran, deux fortes explosions retentissent à Karama au sud de l'Iran, près de la tombe de Kacem Slimani, le jour du 4ème anniversaire de son assassinat, faisant 53 morts et plus de 70 blessés, et causant une panique inouïe dans cet endroit qui connaît un flux extraordinaire de gens qui viennent se recueillir devant la tombe de l'ancien chef de Failek

El Qods. Il s'agit du troisième attentat après celui de Moussaoui en Syrie et Al Arouri au Liban. Les bommes placées près de la tombe ont été faites exploser à distance. Selon les Iraniens, suite à l'échec de la guerre de Gaza, Netanyahu veut entraîner toute la région dans une guerre avec les USA, pour mieux couvrir son échec.

A Gaza, le bilan est en nette évolution : on compte 25 soldats tués dans des affrontements avec la résistance palestinienne. Washington refuse de délivrer des hélicoptères à Israël, pendant que les anciens pilotes demandent leur retraite. Ils sont là à encadrer les nouveaux et à leur apprendre à zigouiller les enfants de Palestine, de jour comme de nuit.

Les images d'Al Qassam montrent comment des tireurs de roquettes arrivent à détruire un Mirkava et à tuer 7 soldats, avec beaucoup de précision. Depuis le 1er janvier, on compte 500 soldats ennemis tués.

Un missile Barkane est envoyé sur un attroupement de soldats à Malikia, au sud Liban, et les embrase. Il est transmis par image pendant le trajet qu'il a parcouru jusqu'à la cible.

A Hay Toufah, 3 chiens et 3 chars sont détruits par les brigades Al Qassam. Après l'ouverture d'une voie maritime pour déplacer les gens hors de Gaza, l'Autorité palestinienne a demandé des explications à Chypre.

Le chef du Mossad confirme : « Nous allons les tuer où qu'ils se trouvent à l'étranger ». Il parle des chefs de la résistance palestinienne qui conduisent la guerre.

Le président iranien promet vengeance pour l'attentat de Karama. Il dit : « La vengeance est utile et indispensable de ceux qui ont commis l'attentat de Karama ». Manifestations en Cisjordanie, suivies de grève générale pour les deux poids-deux mesures de l'Occident qui ne voit pas le crime quand il est commis par des Juifs.

A Dir Balah, une maison est soufflée par une bombe, près de l'hôpital El Aqsa. Tolkaram est fermée par les soldats ennemis. Deux blessés sont portés, toutefois, par des secouristes vers l'hôpital.

Le MAE allemand revient à de meilleurs sentiments, en disant nettement : « Nous refusons le déplacement de population. Nous restons contraints à la solution des deux Etats ». Au même moment Le Figaro rapporte : « Netanyahu négocie avec le Congo le déplacement de la population de Gaza ». Ordogan : « Il n'y a aucune différence entre Netanyahu et Hitler ». Ils seraient faits de la même pâte. Ha'Aretz : 1600 soldats souffrent de séquelles psychologiques. Le Washington Post : 115 agressions ont été commises contre les bases américaines, depuis le 17 octobre. Le gouvernement irakien s'en défend : « Les actes d'agression commise ne permettent pas de classer l'Irak avec l'alliance US ».

Rappelons que Nasrellah avait promis l'enfer à Israël. Désormais, la situation connaît une escalade au sud Liban par échanges de drones et tirs d'obus, des morts des deux côtés de la frontière.

En Irak, deux chefs de la résistance sont ciblés près du ministère de l'Intérieur à Bagdad. Un drone a frappé de plein fouet la voiture d'Abou Takoua Saïd, chef du mouvement Noudjaba.

Les USA classent ce dernier mouvement parmi les proches de l'Iran. Khaminaï, le chef spirituel de l'Iran, demande à prendre leur mal en patience, face à la recrudescence des frappes ciblant les mouvements de résistance dans la région. En fait il s'agit de deux chefs de mouvements qui sont ciblés par un drone américain à Bagdad.

La cour suprême inflige un camouflet à Netanyahu. Cette décision est suivie par la création d'une commission d'enquête sur la guerre et les responsabilités de chacun.

Guteres saisit le Conseil de sécurité sur le « génocide de Gaza ». Des alertes à la bombe créent une tension aux USA, comme après le 11 septembre.

Les perturbations du trafic maritime en Mer Rouge a entraîné une hausse des tarifs de transport à plus de 12%, ce qui engendrerait une hausse des prix des produits à large consommation ; en d'autres termes des influences sur l'économie mondiale, comme pour parfaire ce qu'a déjà accompli le Covid-19 dont on a déjà oublié les méfaits mais les effets sont encore vivaces dans notre quotidien. Les guerres ont toujours commencé ainsi : crise économique suivie d'une autre sociale puis politique puis militaire. On est à la dernière phase à présent, si on tient compte de l'expansion des conflits dans le monde, pendant les deux dernières années. Même les alliances sont en train de prendre forme.

Le chef de la brigade Golani est tué avec 70 de ses soldats. Le bilan des morts à Karama, en Iran, s'est élevé à 84 morts. Pendant que Blinken joue au pompier au Moyen-Orient.

L'Algérie fait son entrée au Conseil de sécurité de l'ONU comme membre non permanent. On s'attend à un soutien indéfectible à la cause palestinienne qui se trouve au plus bas de l'échelle, depuis la mort de Yasser Arafat et du génocide en cours que les politiques de ce monde refusent à regarder de plus près. Amar Boudjemaa, représentant de l'Algérie au CS, appelle les USA à la retenue en Mer Rouge où le trafic maritime représente 15% du trafic mondial en rappelant que sa sécurité incombe aux pays riverains.

L'on parle de négociations secrètes entre les belligérants. Hamas s'en tient aux frontières de 1967. Tout le reste est négociable. S'agissant des aides destinés à Gaza, Josh Paul, du département d'Etat démissionnaire, à cause des aides versées à Israël sans passer par le Congrès, dit que cette aide est « monstrueuse et lâche ». Mais Blinken la défend, comme s'il s'agissait d'aumône.

Au 90ème jour du conflit, la BBC donne le décompte : 4% des habitants sont morts ou parmi les disparus. A ce stade, on compte 23 mille morts et 58 mille blessés.

Le chef du Hizbollah, Hassan Nasrellah, dévoile : « Nous combattons avec calcul (…) une fois que l'ennemi aura décidé d'engager la guerre contre le Liban, notre combat n'aura plus de ligne rouge et se fera sans aucune retenue ». Il explique qu'Al Arouni, que viennent d'assassiner les sionistes à Beyrouth, est revenu d'une tournée au Qatar et en Turquie. La maison était vide, selon les informations du Hizbollah. Il y a tenu sa première réunion avec son staff dans la maison qui a été ciblée par un drone téléguidé, mardi soir, où ils furent tous tués. En Syrie, 23 résistants ont été tués.

Un responsable américain dit que ni le Hizbollah ni Israël ne veulent de la guerre. Un imam est tué au New Jersey. Un responsable du Pentagone dit que les USA poursuivent la sécurisation de leurs forces en Irak. Bagdad dément son implication dans l'assassinat d'Al Arouri.

Mais la Maison Blanche estime que le Hamas a encore des capacités de guerre « importantes ». Les USA comptent maintenir leur présence militaire au Moyen-Orient.

Sur le dossier du génocide, la Cour internationale de justice annonce qu'Israël a accepté de comparaître les 11 et 12 janvier prochains. Rappelons que l'Afrique du Sud a déposé, le 29 décembre, une plainte contre Israël pour « crimes de génocide », avec quatre autres Etats, une centaine d'avocats, des ONG, etc. Elle concerne des mesures conservatoires demandées par Pretoria pour « arrêter les actes de génocide, de prévenir la commission d'autres génocides à travers une injonction de cessez-le-feu immédiat ». Les décisions de la Cour sont exécutoires pour ses membres. Israël autant que l'Afrique du Sud sont signataires de la Convention internationale de prévention et de lutte contre les crimes et génocides.

Entre Washington et Tel-Aviv, il y a une tension palpable, depuis le retrait du porte-avions Ford de Méditerranée. En outre, l'élargissement du conflit n'augure rien de bon quant à l'avenir des relations entre les deux pays qui ne font, en réalité, qu'un seul. Mais Biden a exprimé ses regrets.

Dans la guerre larvée entre Netanyahu et Gallant, après avoir empêché ce dernier de se réunir avec les chefs du Mossad et du Shabak, lui aurait dit qu'il (Netanyahu) représentait « un danger pour l'armée et pour la sécurité d'Israël ».

Au sud de Djenine, on assiste à des tirs fous sur des civils, sans aucune raison. L'armada sioniste chercherait un résistant qui se serait caché parmi les civils, dissent-ils. Comme ils leur ont fait subir le calvaire dans les funérailles d'un Palestinien tué dans la mêlée. Même les journalistes n'ont pas été épargnés.

La Maison Blanche demande à Israël plus de retenue vis-à-vis des civils. A Beyrouth, les funérailles d'Al Arouri furent grandioses. Le Hizbollah annonce avoir frappé une patrouille ennemie et mené 7 actions au sud. Gallant dit à un responsable américain : « Les chances d'une issue diplomatique avec le Liban semble impossible ». En Irak, on annonce l'assassinat de l'adjoint du chef de la résistance Noudjaba. Les autorités irakiennes estiment qu'il s'agit d'une atteinte « à la souveraineté » de l'Etat irakien. La voiture de Saad Taleb a été frappée à l'intérieur du QG. Le conseiller du PM irakien suppose que pareille action « rapproche l'opposition du gouvernement, la résistance des forces armées ».

Israël ouvre une enquête sur le 7 octobre, ce qui s'était produit ce jour-là comme dépassements, enfin une manière de régler le contentieux entre les chefs qui ne s'entendent sur rien.

Le Wall Street Journal consacre un article à Zaher Jabarin, 55 ans, qu'il considère comme « le principal financier du Hamas, y compris de l'attaque du 7 octobre. Il s'occupe de transfert d'argent, depuis des années, vers Gaza, via les canaux de l'Arabie Saoudite, Liban, Emirats arabes unis, Soudan, etc. Comme il serait le gérant du portefeuille d'entreprises générant des revenus constants pour le Hamas ainsi qu'un réseau de donateurs d'hommes d'affaires ». Il est désormais touché par des sanctions américaines en 2019. Il a été relâché de prison avec Sinouar en 2011. Il est né en 1968 en Cisjordanie.

News Week publie un sondage réalisé sur un échantillon de 605 personnes qui donne un taux de 85% pour le départ de Netanyahu, 23% pour son remplacement par Gallant, et 30,5 % qui ne se prononcent pour. Curieusement, 56% sont pour la continuation de la guerre pour libérer les otages et 24% pour la libération de tous les prisonniers palestiniens.

Les colons ont dénoncé la pression américaine qui consiste à les empêcher d'utiliser les armes contre des civils, des enfants surtout ; c'est-à-dire que les USA seraient contre l'extermination des futures générations de Palestiniens.

A Khan Younes, l'aviation ennemie a balancé des tonnes de bombes, mis cette partie du territoire de Gaza en ruines, faute de ne pouvoir pénétrer dans ses bas-fonds pour débusquer les résistants du Hamas qui surprennent les troupes ennemies et leur font subir le calvaire. Les morts et blessés jonchent les rues. Rappelons que Khan Younes constitue la « forteresse imprenable », dont l'ennemi ne parvient pas à percer le secret de sa résistance. Israël annonce avoir commis 20 carnages en 24 heures. Des images affligeantes de femmes pleurant leurs bébés à Dir Balah défilent.

NBC suppose que la visite de Kerby dans la région serait destinée « à étudier le jour après ». Comme on le voit, la subtilité dans le choix du vocabulaire est effarante, voire sordide. L'Iran annonce avoir arrêté des personnes impliquées dans l'attentat de Karama, qui a fait une centaine de morts. Politico annonce que le Pentagone se prépare à frapper des sites Houthis au Yémen.

L'Irak annonce qu'il va s'occuper de l'opposition armée « pour éloigner le conflit de la région ». Les médias locaux israéliens estiment à 12500 les cas de soldats handicapés à cause de la guerre de Gaza.

Dans le comité restreint, des ministres se soulèvent contre le chef d'Etat-major qui serait derrière le retrait des militaires du cabinet de guerre. Le chef de l'opposition dit : « Ce qui a filtré de la réunion est une honte qui exprime le danger que représente ce gouvernement ». Et le carnage incontrôlé continue, y compris en Cisjordanie où il y eu 12 arrestations, mort d'un enfant et de 6 blessés à Balata.

Le comité de sécurité irakien révèle : « L'attentat d'hier a été commis sans la connaissance d'une partie militaire ni sécuritaire ». On annonce la mort du chef de base américaine en Irak. Le gouvernement irakien tente de calmer les esprits : « Nous travaillons pour mettre fin aux forces alliées, de façon définitive, en Irak ». L'Iran : « L'ennemi connaît nos capacités à répondre aux provocations ». En Mer Rouge, un navire libérien est détourné avec tout son équipage indien vers la Corne de l'Afrique.

MAE allemand : « Nous surveillons l'évolution du conflit au sud Liban qui représente un vrai danger pour la région ». Le représentant de l'Unrwa à Gaza : « Nous souffrons d'une tension intenable pour les aides aux réfugiés ». Un missile tombe sur Sederot et fait des victimes.

Le ministre extrémiste, Ilyahu Amikhay, annonce le non-retour des Palestiniens au nord de Gaza. Il dévoile de la sorte ce qui est tu ; ce qui ne devrait pas être dit. Il propose : « Il faut encourager les Palestiniens à aller vers d'autres pays ». Comme il préconise d'accaparer de leur argent pour l'utiliser à faire la guerre. Netanyahu ne s'embarrasse pas de prendre l'argent des Palestiniens. Après la barbarie on passe à la piraterie ; on assiste dès lors à la faillite d'un système.

En guise de réponse, Al Qassam montre des images de frappes terribles sur les troupes ennemies ;

des corps de soldats projetés avec armes et matériel de guerre coûteux. D'autres missiles ennemis pleuvent, cette fois-ci, sur les positions du Hizbollah au sud Liban.

Par un vendredi, jour de prière, des incursions ont lieu en Cisjordanie. A Naplouse, ils envahissent les maisons, détruisent et pillent tout sur leur passage. A Baghdadi, retentit une forte explosion. A Khan Younes, Al Qassam frappe fort, détruit en entier une patrouille de soldats nonchalants.

Au sujet des handicapés de la guerre, 3700 soldats subissent une réadaptation pour revenir au front, combattre les gens sur leurs terres, jusqu'à ce que mort s'ensuive.

Les frappes s'intensifient au sud Liban. Joseph Borel, la voix forte de l'UE, compte faire un tour à Beyrouth pour calmer les esprits.

Le Yémen a vibré du fond des tripes, en se lâchant dans une immense manifestation dans toutes les villes, principalement à Sanaa et Taez, où les gens sont sortis par millions exprimer leur refus d'une tutelle qui viendrait leur dicter ce qu'ils devaient faire. L'appel a été unanime : « Nous sommes maîtres de notre destin ». Le Yémen est en effet l'endroit par lequel tout a commencé pour le monde arabe. Quasiment toutes les tribus, toutes les langues, toutes les traditions, toutes les doctrines sortent du mouchoir du Yémen. Il s'agit en effet du pays qui a tout donné, sans rien garder pour soi. La meilleure preuve en est son soutien indéfectible pour Gaza, quand tous les Arabes se sont endormis. Il en fait sienne sa cause et prend le flambeau de la résistance. N'est-ce pas là la meilleure preuve que nous donne ce pays millénaire, qui n'a reconnu aucune tutelle depuis la nuit des temps ? C'est le pays d'où sont sortis les Cananéens, les Hilaliens, les Berbères, leurs langues et leurs mœurs. Sans le Yémen l'Histoire n'aurait jamais été ce qu'elle fut. Ils le disent à présent haut et fort : la militarisation de la région n'est pas la bienvenue.

Dans le temps présent, l'Histoire est en train de se réécrire avec le sang des descendants des Hilaliens de Gaza. Le New York Times souligne que « la colonisation est en train de reprendre en Cisjordanie », dans le sens où des colons armés, sans foi ni loi, envahissent les maisons, chassent les habitants de leur pays légendaire et s'y installent. Cela se passe ainsi en ce début du nouveau millénaire. Ce sont les scènes d'un autre âge qu'on ne veut pas voir.

S'ensuivent des disputes avec des jeunes désarmés depuis les accords d'Oslo qui refusent la politique du fait accompli. Certains sont blessés, d'autres tués à bout portant, sans toutefois se laisser faire. La Cisjordanie se retrouve la plus fragile dans ces remous, dans le sens où elle fut désarmée sous on ne sait quel principe, face à un ennemi surarmé. Dans ce cas de figure, il y a un risque majeur, au cas où Hamas remporterait la victoire à Gaza. Les sionistes vont se venger de l'autre partie du bantoustan palestinien. C'est l'évidence même. Qui défendrait Ramallah de cette horde sauvage, une fois mise devant le fait accompli ?

A Naplouse, les accrochages avec les civils s'intensifient. Mais ces derniers paient les frais, faute de ne pas disposer d'armes pour se défendre.

Pareil au Liban qui vient de déposer plainte devant le Conseil de sécurité, totalement manipulés où sous contrôle américain qui use du droit de veto comme dans un jeu de cartes.

L'annonce officielle fait état de 14 soldats tués. Elle confirme la nature de l'accrochage avec la résistance palestinienne, dont Al Qassam a diffusé les premières images.

La direction militaire US annonce que la police irakienne a trouvé un missile Krouz iranien qui n'a pas été tiré. Ils disent : « Cela prouve que les groupes terroristes utilisent des armes iraniennes ». C'est trouvé. Ils doivent payer cher les Irakiens qui leur ont fourni pareille information.

De l'autre, sur la place de Tel-Aviv, l'heure n'est pas à l'accalmie. Les effets de la guerre sont palpables. Le chef de l'opposition Lapid : « Ils n'ont plus de gouvernement ; il s'agit d'une catastrophe nationale ». Netanyahu annonce la fermeture de 10 ministères, assez voraces, et le transfert des fonds pour financer la guerre. L'économie est à plat et le contribuable américain ne peut supporter à lui seul les méfaits de la guerre lointaine qui n'est pas la sienne. Le Likoud : « Nous attendons que Gallant cesse ses critiques pour rester en poste, au lieu de démissionner, jusqu'à la fin de la guerre ».

Le message lancé par les otages est irritant : « Depuis la mort de son frère, Netanyahu ne veut libérer personne ; il nous dit : gouttez votre douleur jusqu'à la lie ». Son frère aurait été tué dans une ambulance, lorsqu'ils ont tenté de le libérer en décembre, mais ils ont gardé le secret pour eux. Beni Ghafir : « Gallant sème la défaite, au sein même du comité restreint ».

Blinken envoie un émissaire au Yémen pour atténuer la tension. Il dit : « Nous allons faire notre possible pour augmenter les aides pour Gaza ». Désormais, cela va devenir son sujet de prédilection ; comme si Gaza était passé à la mendicité. Il dit au sujet du Yémen : « Les actions sur les navires constituent une menace pour la navigation internationale. Nous allons faire tout pour rassurer le Yémen et nos partenaires dans la région. Les Houthis ont le choix entre faire la paix entre eux ou faire exploser la situation sur ses frontières. Je souhaite que la paix l'emporte ». Il sait que tout est lié au conflit de Gaza. Il tente de jouer sur les aides pour montrer sa bonne foi. Pour l'heure les Houthis sont traités comme « gens normaux », d'un point de vue américain, en attendant le pire.

Le Hizbollah n'est pas en reste. Il annonce l'envoi de missiles sur Borka Richa, au sud Liban où il a réalisé des résultats tangibles sur l'ennemi, en causant morts et blessés dans ses rangs.

A Khan Younes, les combats ont repris de plus belle mais de manière plus farouche, plus intensive, à Maghazi et El Bridj, dans tout le centre qui constitue le cœur même de la résistance.

Loin du conflit, dans l'autre guerre en Ukraine, la Maison Blanche pense dénoncer la Corée du nord qui fournit des armes sophistiquées à la Russie. C'est nouveau, on a toujours pensé que c'était la Russie qui fournissait des armes aux autres mais non pas l'inverse.

Selon Cnews, Israël s'attaque aux tunnels. Que faisait-on, depuis ? Hanya, chef du BP du Hamas, s'adresse à Blinken : « Nous nous attendons à ce que l'arrêt de la guerre s'accompagne de la fin de l'occupation. Nous ne pensons pas que les milliers de morts, qui constituent le prix à payer pour la liberté de notre peuple, sont partis sans nous garantir un Etat indépendant ».

Une base Houthie, au Kurdistan irakien, est attaquée par des missiles. Le Pentagone accuse les Houthis d'utiliser des armes de fabrication iranienne. Cela constitue « un danger », ajoute-t-on. Pour qui ?

L'opposant Lapid : « Personne n'a proposé de donner Gaza à l'Autorité palestinienne », ça ronronne toujours du côté israélien. Entre temps, une maison est détruite à Dir El Balah, avec un bilan de 3 morts et 7 blessés. Six autres sont blessés par les militaires à Naplouse, en Cisjordanie. Mêmes scènes de tueries au désert du Nakab où les bédouins sont agressés et chassés de leurs terres. L'anarchie est totale, partout où le mort « palestinien » est prononcé. N'est-ce pas là la définition même du mot « occupation » ?

En réponse, 7 soldats ennemis sont tués et 3 blindés détruits à Khan Younes. Des missiles sont envoyés à Sederot, avec la panique habituelle et la course vers les abris. Les familles des otages poursuivent la pression sur Netanyahu et ses pairs. Haaretz : « On n'a pas trouvé les familles victimes d'attouchements sexuels ». Mais les officiels et médias continueront de creuser dans cette voie, quitte à trouver ceux et celles qui joueraient le rôle de victimes d'attouchements. Le chiffre officiel fixe à 14 le nombre d'officiers et soldats tués pendant les dernières 24 heures. Sur le registre en face, on inscrit 15 carnages et 160 martyrs, tous des civils, avec une majorité de femmes et d'enfants.

A Hay Toufah, la résistance frappe une troupe de fantassins, en faisant monter les scores. Les sources militaires font état de quatre missiles à Djalil Aala. Le Hizbollah dit avoir touché avec précision ses cibles. Un responsable militaire dit : « Nous combattons à Gaza, en Cisjordanie, au sud Liban et au conseil restreint ». Ce dernier dévoile le vrai front où les victimes pourraient avoir du poids et faire balancer les résultats dans un sens ou dans un autre. Gallant estime que le chef d'EM est traqué pour avoir constitué une commission d'enquête avant de consulter le comité restreint que commande le PM. Il s'agit d'une commission d'enquête sur les événements du 7 octobre qui ont remis les pendules à l'heure. Gallant ajoute : « Netanyahu devrait choisir entre le combat sur le terrain et la politique ». En guise de combat, les soldats ont tiré ce soir sur l'hôpital El Qods, à Dir El Baleh, pendant que Saraya El Qods tirent par missiles sur Sederot. Des ministres disent : « Il y a une volonté de faire porter la responsabilité au Mossad et au Shabak ». Il y a comme une arrière-pensée de coup d'Etat dans l'air.

Le président français est revenu à de meilleurs sentiments, après avoir joui du spectacle à ciel ouvert. Il envoie sept caisses de matériel médical, par avion, via la Jordanie. Plus tard, on apprendra, images à l'appui, que même ce matériel a été piraté par l'armada israélienne. Un appel est lancé à la Croix rouge pour faire ce qu'elle peut faire pour apporter de l'aide à l'hôpital Chifa.

Le Hizbollah marque le premier acte de sa vendetta. Il envoie, d'une seule traite, 62 missiles sur une caserne proche de la frontière. Il la justifie par une réponse au lâche assassinat de Larouri. Les sirènes retentissent à Khalil Aala. Il dit agir selon les clauses de la résolution 1707 de l'ONU, relative à l'annexion de terres d'autrui par les colonies. Mikati, le PM libanais, fait son possible pour clamer le jeu.

Joseph Borel, de l'UE, appelle au cessez-le-feu afin d'éviter l'extension du conflit. Il y a déjà 69 mille maisons détruites et plus de 10 mille Palestiniens sans sources de vie, exposés à une mort lente. L'ennemi a tout détruit pour ne leur donner aucune chance de survie, une fois avoir échappés au carnage. En face, l'heure n'est pas à la fête, dans le sens où les 94 colonies du nord ont été vidées et ceux qui les ont quittées sont devenus une charge pour le sud. Il faudra les héberger et les faire nourrir.

Al Qassam frappe Sederot et les fait courir dans tous les sens pour se cacher, détruit des engins, crée un climat de tension. Au comité de guerre, des ministres disent que l'armée n'a rien réalisé sur le terrain. En guise de consolation, on tombe sur des civils désarmés, à Djenine et Naplouse. Là où les gens sont désarmés, ils peuvent faire ce que bon leur semble.

A Khan Younes, les brigades Al Qassam touchent 8 soldats et prennent un autre en otage. Au même moment d'autres combats se poursuivent à Bir Naadja au nord. Les extrémistes, parmi les ministres du comité, ne lâchent pas prise ; « Le comité de guerre ne tiendra pas », disent-ils.

Une bombe explose au-dessus d'une maison à Choudjaïa, et cause la mort de 18 personnes dont plusieurs enfants, à l'est de Khan Younes, et une autre au centre, faisant 20 autres martyrs, en un laps de temps très court Dans la foulée, des journalistes sont pris en otages. Et la majorité des hôpitaux est hors service.

En guise de bons offices, Borel discute avec Mikati la situation au Liban sud, pendant que Blinken prend attache avec l'Iran pour calmer le jeu. En Irak, l'opposition envoie un missile sur un site US. Et Israël largue des bombes au phosphore blanc à Chtoula, au sud Liban. Le MAE irlandais dénonce les propos des ministres israéliens. Il s'agirait des menaces à l'arme nucléaire. Le bilan donne 24 soldats tués pendant les 24 dernières heures. La Grande Bretagne fait état de six canoës qui se sont rapprochés d'un bateau commercial à 50 miles du Yémen.

Déluge de feu à Beit Lahya, où des bombes foudroyantes sont tombées sur des maisons, en créant le déluge. Une femme déchiquetée est portée dans les bras d'un secouriste ou proche ou frère, courant entre les tranchées de gravats. D'autres corps d'enfants gisent ici et là. La poussière se dissipe, On voit plus clair l'horreur. Des hommes se démènent pour sauver ce qu'ils peuvent encore sauver. D'autres bombes tombent à présent sur l'hôpital Amel de Khan Younes, provoquent un autre spectacle, encore plus révoltant, où les corps n'ont plus d'endroit pour se tenir. On les pousse dans un coin, afin de faire évacuer les blessés vers l'extérieur. Désormais, l'Hôpital a perdu sa mission principale, on ne fait que déplacer des corps en d'autres endroits, en attendant de créer un petit espace pour les survivants. Jamais, de mémoire d'homme, on n'a vu ce qu'on est en train de vivre au temps présent. Avant, les guerres étaient propres, plus saines. Il y avait un endroit pour la guerre et un autre pour les morts et blessés. A présent il y a confusion ; on prend les hôpitaux pour cibles, au lieu d'aller chasser l'ennemi ; il y a comme une couardise dans l'air. Les soldats ne sont plus des soldats. Ne faudrait-t-il pas un jour céder ce rôle aux femmes ou aux robots qui tueraient les humains avec plus de douceur ?

Hors de cette sphère, dans le monde qui continue de vivre, les gens sont sortis, tout en couleurs, dans les rues de Stockholm, Londres, Berlin, Paris, femmes et hommes ; à hurler leur colère pour faire cesser cette Shoah des temps modernes.

Borel donne enfin son avis sur la rencontre du Liban : « On s'est mis d'accord avec Mikati pour la solution diplomatique ». Des missiles sont envoyés sur Kalkilia au sud Liban. Blinken est revenu pour lancer des flèches à l'Iran, par Houthis interposés.

Al Qassam montre ses images et annonce mort de 8 soldats ennemis. Haaretz commente : « Les forces du Hamas semblent intactes ». Un ancien responsable militaire : « Gallant doit démissionner ». Un appel est lancé à l'ONU pour apporter de l'aide à l'hôpital Chifa. Mais que peut faire l'ONU, quand son SG ne peut même pas accéder à Gaza, faute de visa. Que peuvent faire les institutions internationales face au péril ? Nous sommes entrés depuis très longtemps dans le système de non-droit.

Quatre nouveaux otages sont tués par balles ennemies, malgré qu'ils aient levé le drapeau blanc. Ils ont lancé, il y a peu de jours, des messages aux autorités pour les libérer. Voilà, c'est fait.

Le Hizbollah annonce avoir frappé, à distance rapprochée, une troupe de fantassins ennemis à Afifin, près de la frontière avec le sud Liban. Les Israéliens disent à Borel de ne pas ouvrir le dossier du Liban tant qu'ils n'ont pas clos celui de Gaza. La mort des détenus a provoqué le déclic ; les familles des otages sont aussitôt sorties manifester leur colère, face à ce déni outrancier, eux qui croyaient vivre en temps normal, dans un pays normal, qui se retrouvent bousculés par la haine, par la violence, par les torrents de sang qui se déversent, sans offusquer personne. L'armée annonce l'ouverture d'une enquête sur la mort des otages par balles amies. Mais elle reconnaît « sa responsabilité » dans leur tuerie. Le chef d'Etat-major dit : « La mort des otages est un acte grave. L'armée a échoué à les libérer ». Blinken insiste sur « la sécurité des otages ». Selon les commentaires, par médias interposés : « L'action est favorable aux extrémistes qui sont entrés en guerre contre les chefs ». Dans une pétition, signée par 169 anciens officiers, ces derniers apportent leur soutien au chef d'EM. Un officier est tué au sud de Gaza.

Blinken et son homologue turc disent rejeter le « déplacement de population ». Le Pentagone annonce avoir détruit un drone lancé par les Houthis, en Mer Rouge.

Des manifestations reprennent à Haïfa. Ils appellent à la démission de Netanyahu, qu'ils considèrent comme unique responsable des morts d'otages. Car, jusqu'ici, aucun otage n'a été libéré, comme annoncé en grandes pompes, depuis le début du conflit.

Selon des responsables militaires dont les propos sont rapportés par les médias locaux : « Netanyahu serait derrière le conflit entre le chef d'EM et les ministres extrémistes qui l'ont insulté ».

Des accrochages ont lieu en Cisjordanie entre armée et civils. Au sud Liban, le Hizbollah envoie 62 missiles sur les colonies à Saïda.

Les manifestations reprennent un peu partout à travers le monde ; en Suède, Allemagne, Italie, Hollande, France, etc. Les manifestants sont pro-Palestine, à l'unanimité. Le monde vient de découvrir la face cachée de ce « peuple-victime » par les faits d'histoire, qui est devenu à son tour bourreau lorsque la justice s'était éteinte dans le monde moderniste.

Les brigades d'Al Qassam montrent des images de tirs de roquettes sur des chars ennemis qui en détruisent six. Ainsi, le nombre d'engins blindés détruits depuis le début du conflit s'élève à 190. C'est un chiffre astronomique quand on sait que le coût d'un Merkava est autour de 5 millions de dollars et transporte au moins 5 personnes à bord au moment de l'explosion. On assiste désormais à un véritable cimetière d'engins très coûteux.

Dès son retour dans la région, Blinken appelle ou reçoit un appel d'Alger. Il ne s'agit ni des Houthis ni de Mer Rouge mais de litige d'un autre genre. Attaf lui demande de revoir sa copie, sur le dossier rendu public par le département d'Etat, sur le respect des religions où Alger est éclaboussée. Attaf s'insurge et tente de lui rappeler que son pays est sorti de la trappe des religions depuis longue date et que tout citoyen, quelle que soit son obédience religieuse, jouit de ses droits. Il s'agit bien sûr d'une tentative de museler l'Algérie qui vient de prendre son siège au Conseil de sécurité dans cette phase cruciale du conflit Palestine-Israël.

A ce moment des faits, on fait état de 150 corps déterrés des tombes, on ne sait pour quelle raison. Toutes les pistes sont évoquées, comme recherche de caches de munitions, marché des organes ou simples bafouages ; de toutes les façons, ces actes, qui n'ont pas suscité des réactions politiques, sont condamnables. Ils seront appelés à se répéter durant cette guerre absurde.

Borel a rencontré le représentant du Hizbollah, Mohamed Raad, à Beyrouth mais rien n'a filtré sur ce qui a été dit. Le porte-parole de Tsahal dit qu'ils ont détruit 8 km des tunnels du Hamas et des points d'issue. L'armée US dit, de son côté, avoir détruit un drone Houthi.

L'on assiste à une spectaculaire mort de deux journalistes, dans une voiture ciblée par un drone téléguidé. Il s'agit de Hamza Dahdouh, fils de Wael Dahdouh d'Aljazeera, dont la femme, fils, père, mère et autres membres de la famille ont été décimés dans des frappes israéliennes et d'un autre journaliste Mustapha Thouraia, morts calcinés. Cette mort violente a soulevé des indignations à travers le monde. Comme elle a mis la lumière sur 109 journalistes tués par Israël et deux disparus, en sus des menaces qu'ils reçoivent au quotidien et dont certains ont en fait état.

La procureure de la Cour internationale de justice, Irin Khan, estime qu'il y a désormais « des preuves sur les crimes israéliens commis à Gaza ». Toutefois, il y a une pression extraordinaire sur les membres du Conseil de Sécurité afin d'éviter, encore une fois, de condamner Israël. Rappelons que le rapport Goldstone avait été enterré en 2009 sans avoir été présenté devant le CS en son temps. Il y a manifestement une tentative américaine d'étouffer toute tentative de sanctionner Israël pour les crimes commis contre l'humanité. On ne sait quelle parade ils vont encore trouver pour sauver ce qu'ils peuvent sauver.

Beny Ghanets, le ministre extrémiste, revient à la charge en proposant le déplacement de la population en entier de Gaza. Entre temps, les combats s'intensifient au sud Liban. 12 carnages sont enregistrés à Gaza. Les journalistes étrangers sont interdits d'entrer à Gaza. L'Internet et les communications sont coupés. Il n'y a désormais plus de témoignages. Les réseaux Internet sont sous contrôle ; tout ce qui nuit à Israël ne passe plus sur les réseaux sociaux.

Selon la BBC : 4% de la population de Gaza est soit tuée soit sur la liste des disparus. Le Hizbollah frappe la caserne de Yara et cause morts et blessés parmi les soldats ennemis. Saraya El Qods frappent des positions ennemies à Khan Younes. Al Qassam détruit trois blindés. Une femme et son bébé sont écrasés par une voiture à Jérusalem. Le chauffeur est tué et deux policiers sont blessés dans cet attentat. En Cisjordanie, on recense 7 jeunes tués par les tirs de soldats.

Le porte-parole du Hamas revient sur l'affaire de l'assassinat d'Al Arouni, promet la vengeance et ferme définitivement la porte du dialogue avec Israël. Il fait état de 200 sites historiques détruits, en sus des mosquées et des hôpitaux. En bref, il n'y a pas un soupçon de vie à Gaza. Les aides n'entrent pas, même celles envoyées par l'UE ne passent pas. Les blessés sont évacués au compte-gouttes vers l'étranger. Le matériel médical est soit bloqué soit volé.

Reste la plainte déposée par l'Afrique du Sud, pour crimes de guerre, contre Israël. Tous les regards convergent vers la Haye pour voir ce que peut faire le monde d'aujourd'hui, face à l'impunité.

A.H.

Votre avis compte pour nous.

www.ingramcontent.com/pod-product-compliance
Lightning Source LLC
Chambersburg PA
CBHW051040250726
48656CB00001B/62